Hohenheim
● ● ●

Wieland Backes

Geschichten aus dem Nachtcafé

Mit einem Portrait des Moderators
von Barbara Sichtermann

Herausgegeben von Sylvia Storz

Hohenheim Verlag
Stuttgart · Leipzig

Fotos von Frank P. Kistner und aus den Archiven des SWR

Die Deutsche Bibliothek – CIP Einheitsaufnahme
Ein Titeldatensatz für diese Publikation ist bei der Deutschen Bibliothek erhältlich

3. Auflage 2003
© 2002 Hohenheim Verlag GmbH, Stuttgart · Leipzig
Alle Rechte vorbehalten
Satz: L & N Litho, Waiblingen
Druck: Henkel Druck, 70435 Stuttgart
Buchbindearbeiten: Riethmüller, Stuttgart
Printed in Germany
ISBN 3-89850-072-1

„Was ihr den Geist der Zeiten heißt,
Das ist im Grund der Herren eigner Geist,
In dem die Zeiten sich bespiegeln."

Johann Wolfgang von Goethe
Faust I

Inhalt

Vorwort – Sylvia Storz 9

1% Inspiration, 99% Transpiration
Eine Sendung und ihre Vorgeschichte 13

Von Genie bis Scharlatan, von Schönheit bis Scheusal
Die Nachtcafé-Gäste – vielfältig wie das Leben 25

Blaues Blut und Prinzenrolle –
Begegnungen mit echtem und falschem Adel 28

Ruhm, Geld, Macht
Wer wär' nicht gerne Millionär 35

Droge Ruhm
Geschichten vom Aufstieg und Fall 43

Berühmt fürs Berühmtsein
Eine neue Form der Prominenz 55

Nicht nur die Prominenten ...
Die namhafte Rolle der Namenlosen 64

Und immer wieder die Liebe ...
Das Thema aller Themen 75

Spannungen, Schwierigkeiten und ein Skandal
Der Moderator auf schwierigem Terrain 84

Nichts Menschliches ist uns fremd
Von abgängigen und absonderlichen Gästen 96

Wieland Backes – ein Portrait des Moderators
von Barbara Sichtermann 109

Wer sich in Familie begibt...
Kinder: Auf keinen Fall – um jeden Preis 119

Väter, Mütter, Töchter, Söhne
Folgenreiche Familienbande 128

Familiengeheimnisse
Worüber man nicht spricht 140

Lebenswege – Lebensbrüche 145

Heiler, Gurus, Scharlatane
Des Menschen Glaube ist sein Himmelreich 155

Nur nicht an das Ende denken
Begegnungen mit Alter und Tod 169

Am Ende suchen alle nur das Eine, das Glück 182

Dank 190

Fotonachweis 192

Vorwort

Fünfzehn Jahre, 250 Sendungen, 1800 Gäste ... Redakteure kamen und gingen. Aus dem SDR wurde nach der Fusion mit dem SWF ein neuer Sender. Die Redaktionsleitung wechselte hin und wieder – zwei Garanten für den Erfolg, unverwechselbar und unauswechselbar, sind geblieben:

Der Gastgeber Wieland Backes und die Örtlichkeit, das Schlößchen Favorite in Ludwigsburg. Die heitere, leichte, elegante Ausstrahlung des barocken Lustschlößchens im Wildpark und die gelassene, humorvolle Gesprächsführung des Moderators verbinden sich im Zusammenspiel mit sechs sorgsam ausgewählten Gästen zu einer ganz eigenen „mélange", dem Nachtcafé.

Im leichten Ton das hingeworfene Aperçu, die gutplazierte Pointe, die amüsante Anekdote und gleichzeitig die ernsthafte Debatte, die dickköpfige Kontroverse, die reife Analyse oder die eindrucksvolle Geschichte. Zwischen Plauderei und Diskurs balancierend, sich abwechselnd, ergänzend, miteinander spielend oder gemeinsam argumentierend, stets einen thematischen Horizont abschreitend, finden sechs Gäste zusammen, die im „wirklichen" Leben niemals zueinandergekommen wären.

Da streitet sich die Ordensschwester Klarissa mit dem Modezaren Joop über das zweifelhafte Glück des Reichseins, da herzt Marie Luise Marjan den Punk aus Oberschwaben, der immer mit der Polizei Zoff hat, da verbünden sich Dichter und Banker, Politiker und Domina erörtern Fragen der Machtausübung... Prominente und völlig Unbekannte haben gleichviel zu sagen.

Das Leichte ist das Schwere, dieser Satz gilt insbesondere für gutgemachte Unterhaltung, sei es im Fernsehen, im Radio oder auf der Bühne.

Auch unserer Sendung soll man die Anstrengung, die sie der Redaktion im Vorfeld abverlangt, nicht ansehen; das Ringen um die beste Rundenbesetzung zum jeweiligen Thema darf der Zuschauer nicht spüren – er soll sich vom Ergebnis anregen lassen und natürlich „dranbleiben".

Um dies zu erreichen, ist zunächst knapp vier Wochen lang die ebenso lustvolle wie harte Arbeit des Redaktionsteams gefragt, das die Sendung vorbereitet. Die Sendung ist ein Gemeinschaftswerk – der Anschein, daß Wieland Backes sechs interessante Zeitgenossen einlädt, sieben Stühle aufstellt, und dann findet eine aufregende Runde statt, trügt natürlich.

Die Ideen zum Thema, das Aufspüren von Gästen und Geschichten, die Materialsammlung, das Aufbereiten wichtiger Informationen für den Moderator... das wird in strengem Zeitkorsett von einem quirligen Team junger MitarbeiterInnen (die Redaktion des Nachtcafés ist weiblich dominiert) für jede einzelne Sendung geleistet. Ausgangspunkt der Recherchen können Zeitungsmeldungen, persönliche Begegnungen oder Erlebnisse, Bücher oder auch ein aufgeschnapptes Gespräch in der U-Bahn sein – Nachtcafé-Redakteure sind Jäger und Sammler, Allesleser von der *Bunten* bis zur *ZEIT*, wache Journalisten mit der Nase im Wind des Zeitgeistes.

„Nach der Sendung ist vor der Sendung"... dieses Motto könnte über dem Eingang zu unseren Redaktionsstuben hängen: Am späten Freitag vormittag nach der Aufzeichnung vom Donnerstag abend, die sich mit dem gemeinsamen „Nachsitzen" von Gastgeber, Gästen und Redaktion bis in die späte Nacht hinzieht, kommt ein leidlich ausgeruhter Wieland Backes und trifft auf ein Team mit großen Papierbögen, auf denen Positionen, Namen und Storys zum nächsten Thema aufgemalt sind.

Und dann beginnt wieder der fruchtbare Streit: „Wer paßt zu wem oder gar nicht", „wen braucht Frau X als Gegenpol", „ist die Geschichte des Paares A/B intensiv und erzählenswert genug", „welcher Prominente hätte viel zu diesem Thema zu sagen."

Vor der Tür lauern unsere Assistentinnen im Sekretariat auf den weißen Rauch („Wir haben die Runde"), um die Anreise der Gäste zu organisieren, Zimmer zu buchen und so manchen Sonderwunsch vom Babysitter für mitzubringenden Nachwuchs bis hin zum speziellen Hundemenü zu erfüllen.

Und wenn Wieland Backes am nächsten Donnerstag nach den Fanfarenklängen unserer Titelmusik vor der Kamera steht und sagt: „Herzlich willkommen im Nachtcafé", hängt die Redaktion hinter den Kulissen am Monitor und an seinen Lippen und drückt die Daumen – steht und fällt doch der Verlauf der Sendung bei aller redaktionellen Vorbereitung jetzt wesentlich mit ihm, dem Gastgeber und Moderator.

250mal hat er inzwischen seine Gästerunde befragt und dirigiert – wo nötig auch domestiziert oder angestachelt – und dies, so belegen es die Einschaltquoten, zum anhaltenden Vergnügen seines Publikums.

Sie können sich vorstellen, daß unzählige Geschichten in der Geschichte jeder einzelnen Sendung stecken.

Ihnen in dieser Fülle eine anregende und unterhaltsame Auswahl zu präsentieren, ist das Vorhaben dieses Buches.

Wir haben in alten Sendungen gestöbert, die schönsten Anekdoten festgehalten, Redebeiträge von illustren Nachtcafé-Gästen der letzten fünfzehn Jahre notiert, sind einzelnen Begebenheiten nachgegangen, haben Kontakte wiederbelebt, um zu erfahren, was aus einzelnen Menschen geworden ist.

Nicht zuletzt das hervorragende Gedächtnis von Wieland Backes war ein sprudelnder Quell von „Geschichten aus dem NACHTCAFÉ", und er erzählt sie Ihnen auf seine ganz persönliche Weise.

Sylvia Storz

1% Inspiration, 99% Transpiration

Eine Sendung und ihre Vorgeschichte

„Das Fernsehen kann nicht täglich neu erfunden werden." Ein nüchterner, ein realistischer Satz. Einer, den ausgebuffte, erfahrene Redakteure gern im Munde führen. Einer, der einem bleibt, wenn man als junger Ungestüm voller Leidenschaft genau das will: das Fernsehen täglich neu erfinden.

Manche Daten der deutschen Fernsehgeschichte entpuppen sich erst im Rückblick als wirkliche Wegmarken. Ein Trost für alle, die sich nicht damit abfinden wollen, daß nach mehr als einem halben Jahrhundert Bildschirm alles probiert, manches geglückt und deprimierend viel danebengegangen ist.

Ich erinnere mich noch ziemlich genau: Es muß Sylvester 1973 gewesen sein. Zum ersten Mal ist bundesweit eine Sendung zu betrachten, die einen etwas befremdlichen Zusatz im Untertitel trägt: „Talk-Show". – Gespräch als Show? Als Sättigungsbeilage für amerikanische Couch-Potatoes mag das angehen. Aber bei uns in Deutschland?

Es gibt noch keine Privatsender hierzulande, damals. Die Begriffe „Fernsehen" und „Kultur" können auch noch von den weniger Sendungsbewußten ohne zu erröten miteinander in Verbindung gebracht werden. Und jetzt „Talk-Show".

Zu den Millionen, die an diesem Sylvesterabend vor dem Bildschirm sitzen gehöre auch ich: Nach dem Studium gerade erste dünne Erfahrungen als Fernsehhospitant gesammelt und entschieden bereit zum Naserümpfen. Doch der Widerstand bricht je länger je mehr jämmerlich in sich zusammen. Ich spüre, daß mich das, was ich da sehe und höre, irgendwie packt, anzieht, anrührt: Prominente, es sind Liselotte Pulver, Henri Nannen und Klaus Schütz, gestatten uns ein paar, wenn auch flüchtige Einblicke in ihr Leben, auf Hoffen und Streben, auf Sieg und

Niederlage und immer wieder auf das Wohl und Weh der Liebe... Und der gerade noch kreuzarrogante, sich jetzt bei schleichend zunehmender Neigung ertappende Zuschauer, also im konkreten Fall ich, beginnt still und heimlich zu vergleichen: mit dem eigenen Leben, mit den eigenen Träumen, den Erfolgen, dem Scheitern...

Heute ist es längst kein Geheimnis mehr, daß in diesem Prinzip die Faszination aller Talkshows liegt: im Vergleich, im Transfer. Auch der Gastgeber dieser ersten ARD-Talkshow, sie heißt „Je später der Abend", erzählt den nachfragenden Journalisten, daß er mit seiner Sendung so etwas wie „Lebenshilfe" geben möchte: „Leute, die auftreten und darüber berichten, wie sie Schwierigkeiten bewältigt haben – daraus kann man eine ganze Menge für sich ableiten." Dietmar Schönherr, der Moderator der ersten deutschen Talkshow, glaubt daran und erntet für solche Sätze den geballten Hohn der Kritik.

Ich als Zuschauer kann ihm folgen: Moderator einer Talkshow, das wäre doch was... (In dieser Sylvesternacht 1973 liegt es mir fern, diese kühne Idee weiterzuspinnen...)

Gut 13 Jahre später, am 14. Februar 1987 läuft das erste Nachtcafé über die Bildschirme des Südwestens. Und unter meinen Gästen ist Dietmar Schönherr.

Eine Premiere ist etwas, was zum ersten Mal passiert. Das ist eine Binsenweisheit. Heute weiß ich: Man sollte sie trotzdem sehr ernst nehmen.

Im Laufe des Jahres 1986 war meine Zeit als Chef der Abendschau Baden-Württemberg und Moderator im Regionalen, man könnte sagen, so allmählich einem natürlichen Ende entgegengedümpelt. Hier stand die Wiege meines Fernsehdaseins, hier habe ich viel gelernt. Bis zur Frühpensionierung wollte ich dieses Spiel allerdings nicht treiben. Eine neue Perspektive war gefragt.

Zusammen mit einer Handvoll verwegener Jungredakteure unterbreite ich unserem Chefredakteur Ernst Elitz den Vorschlag, eine völlig neue Redaktion aufzubauen, eine, die es noch in keinem Sender in Deutschland gibt, eine, die den schmalen

Grat gehen will im Grenzbereich zwischen Unterhaltung und Information, eine Abteilung für „Journalistische Unterhaltung" durchaus mit Niveau und Anspruch. Im Kern unserer Bemühungen soll eine gehobene Talkshow stehen – „Wie wär's mit dem Titel Nachtcafé?"

Der Chefredakteur zeigt Mut. Ob er nun wirklich Anlaß hatte, der Unternehmung in diesem Stadium auch sein Vertrauen zu schenken, lasse ich hier offen.

Anfang Februar können wir offiziell mit unserer neuen Redaktion anfangen, ausquartiert in eine miefige Mietwohnung in der Stuttgarter Neckarstraße. Die noch ahnungslose Sekretärin kommt von der Leasing-Firma. Und in 14 Tagen ist Sendung!

Natürlich hatten wir noch während meiner alten Tätigkeit nebenbei schon einiges bewerkstelligen können – und uns von Schock zu Schock gehangelt: Es gibt kein freies Studio. Für das Bühnenbild ist kein Geld da. „Ein Sendeplatz? – Wir werden sehen. Wird eher ziemlich spät liegen." Im Produktionsbetrieb wird geraunt, daß man der neuen Show maximal ein bis zwei Ausstrahlungen gibt. Das stimmt zuversichtlich.

„Die schwersten Geburten führen nicht selten zu den schönsten Kindern." Wo stünde die Menschheit ohne die kraftspendende Wirkung solcher Sätze. In der Geschichte des Nachtcafés haben wir immer wieder gerne auf solche Weisheiten zurückgegriffen. Aber nie wieder so sehr wie vor dieser Premiere.

Noch immer ist die Frage ungeklärt, von welchem Ort wir denn nun senden sollen. Zusammen mit meiner Regisseurin Brigitte Dimter grase ich sämtliche verdächtigen Lokalitäten der Region ab, Villen und Hallen, Kneipen und Galerien: Zu groß, zu nichtssagend, zu teuer, zu abgelegen. Dann erinnere ich mich an einen Ort, der mir in Studentenjahren manch romantischen Spaziergang beschert hat. Anschauen!

Im Schweizer Wanderschritt schreitet meine Regisseurin den in Frage kommenden Raum ab. Ihre Miene verheißt nichts Gutes: Schön, aber definitiv zu klein! Basta! Drei Mal muß ich sie überreden, den Raum doch noch einmal, und zwar bitte ganz unvoreingenommen zu prüfen. Schon ziemlich genervt lenkt sie schließlich ein. Das Nachtcafé hat sein Domizil und sein

Markenzeichen: das – zugegeben wirklich kleine – Schloß Favorite in Ludwigsburg. Erbaut wurde es im 18.Jahrhundert von Baumeister Frisoni sozusagen als gehobenes Gartenhäuschen im englischen Park, wenig mehr als ein Steinwurf von der ausladenden Residenz der Württemberger entfernt. Klein ist es natürlich auch heute noch. Aber, wenn ich manchmal behaupte, das Flair unserer Sendung hätte irgendwie auch etwas mit dem Zauber dieses Ortes zu tun... Selten, daß jemand widerspricht.

Wer einen Sendeort hat, hat noch lange keine Sendung. Natürlich wissen wir das. Aber noch nie wurde es uns so schmerzlich bewußt. Fünf bis sechs Gäste sollen es pro Sendung sein. Ein gemeinsames Thema soll sie verbinden, soviel ist immerhin schon klar. In Österreich hat in den Jahren zuvor der inzwischen legendäre „Club 2" für Furore und manchen Skandal gesorgt. Ein mögliches Vorbild? Spätestens seit Nina Hagens schlagzeilenfüllender Selbstbefriedigungs-Performance besitzt der Club so etwas wie einen Kultstatus. Auch die deutschen Kritiker applaudieren und stellen unisono fest, daß so eine Sendung nur in „Felix Austria" möglich ist, in Deutschland aber auf gar keinen Fall funktionieren könnte.

Wir orientieren uns weniger an Nina Hagens Körperkunststückchen, aber die Sendungsphilosophie der Österreicher inspiriert: Eine Gesprächsrunde sollte der Dramaturgie eines Kasperltheaters entsprechen; mit dem pfiffigen Kasper, dem stupiden Seppl, dem bösen Räuber, der liebreizenden Prinzessin, die alle haben wollen, und mit dem hochgefährlichen Krokodil, das verläßlich in diverse Waden beißt. Das Nachtcafé als Kasperltheater im Lustschloß? – Nun, so wörtlich wollen wir die Anregung aus Wien doch nicht nehmen, aber trotzdem...

„Schwierige Lieben", mit diesem Thema werden wir das Nachtcafé eröffnen. Das steht jetzt fest. Christine Kaufmann hat bereits zugesagt, die Schauspielerin, die mit 18 so unselig früh für ein paar Jahre die Ehefrau des 20 Jahre älteren Weltstars Tony Curtis wurde. Dietmar Schönherr kommt, der mit Vivi Bach nicht nur das legendäre „Wünsch-Dir-was"-Moderatorenpaar mimte, sondern auch ein realexistierendes Eheleben teilt.

Dazu ein katholischer Priester, der seine Haushälterin geheiratet hat und die Geliebte eines Chefarztes, zum Zeitpunkt unserer Sendung im achten Monat schwanger. Soweit keine schlechte Basis. Wir recherchieren noch nach einem schwulen Paar und finden eines, das bereit ist, vor die Kamera zu gehen. Die Spitze des Hauses fragt an, wen wir denn so einzuladen gedenken ...

Über die Direktion läßt der Intendant tags drauf mitteilen, daß er den Auftritt der Homosexuellen nicht wünscht. Auch zu Dietmar Schönherr habe er eine Meinung, aber, na ja... Wir können Neues bieten: Joschka Fischer hat zugesagt.

Fischer amtiert gerade als erster deutscher „Turnschuhminister" im Bundesland Hessen. Aber nicht das steht im Vordergrund unseres Interesses. Es geht um Fischer und die Frauen, ein schwieriges Kapitel, wie man weiß. Damals steht er gerade bei Ehefrau Nr. 3. Unser Faible gilt Nr. 1, Edeltraud, der Polizistentochter aus Stuttgart. Als die beiden sich über den Weg laufen, 1966, hat sich aus der Gammler-Welle in der Jugend schon eine greifbare Proteststömung entwickelt. Die zwei Kinder aus strengem Elternhaus zählen zu den frühen Rebellen, teils privat, teils politisch. Im „Club Voltaire" in der Stuttgarter Altstadt, wo nebenan die Mädels stehen, laufen sie sich über den Weg. Eher zufällig sieht man sich wieder. Auch an diesem Tag, als sie auf der Treppe des Königsbaus, ganz Sponti, eine sofortige Trampreise nach Paris beschließen. Beim Recherchentelefonat erzählt mir Edeltraud Fischer, daß sie ursprünglich diesen Joschka überhaupt nicht ausstehen konnte. Aber auf der Fahrt nach Paris habe er sein mitgebrachtes Vesperbrot ausgepackt und ihr so überraschend ritterlich angeboten... Sie sei sich sicher, das war ihr Schlüsselerlebnis, das ihren Gefühlen diese plötzliche und nachhaltige Wendung gab. Das gegenseitige Entflammen zieht weitere Reisen nach sich. 1967 nach England, Schottland und dort nach Gretna Green, mit erwartbarem Ziel: Edeltraud und Josef geben sich im Heirats-Eldorado für Minderjährige ohne Zustimmung der Eltern das Ja-Wort: Beide sind gerade mal 18 Jahre alt.

All das liegt in den Tagen vor unserem ersten Nachtcafé zwei Jahrzehnte zurück. Was wurde aus der Rebellenromanze? Was wird Joschka Fischer darüber in der Sendung erzählen? Bester Stoff für unsere Premiere, davon bin ich nach diesen Recherchen fest überzeugt.

Gründlich soll sie vorbereitet werden, diese erste Nachtcafé-Sendung. Bei sämtlichen Gästen ist noch ein persönlicher Besuch vorab geplant, auch beim Umweltminister in Wiesbaden. In der rot-grünen Koalition von Hessen scheint zu dieser Zeit die Euphorie des hoffnungsfrohen Starts allerdings längst verflogen zu sein. Bereits der Tagespresse kann ich es entnehmen, aber noch deutlicher spüre ich es bei der Ankunft im Ministerium: Hier hängt der Haussegen ziemlich schief. Der Streit um die Genehmigung der Hanauer Nuklearfabriken gärt mit wachsender Sprengkraft.

Fischers Referent bittet mich ins Nebenzimmer. Es könne noch etwas dauern. Genaugenommen wäre er sich nicht sicher, ob das Gespräch heute überhaupt noch zustande kommen könne. Vielleicht sollten wir den Termin lieber streichen. Warten?

Ja gut, wenn Sie viel Zeit mitbringen... Nach zwei Stunden ein erster Zwischenbescheid. Der Minister möchte eventuell mit Ihnen Essen gehen, falls er es schafft.

Nach einer weiteren Stunde erscheint ein im Geiste völlig abwesender Joschka Fischer in der Tür. Vieles geht ihm jetzt im Kopf herum. Eines mit Sicherheit nicht: Seine Jugendliebe Edeltraud. Willig, aber absent beantwortet er meine intimen Fragen beim kurzen Mittagstisch im Balkangrill. Entschuldigen Sie, ich muß zurück.

Am nächsten Morgen wieder in der Redaktion, liegt die Agenturmeldung bereits auf meinem Schreibtisch: „Börner entläßt Minister Fischer". Noch schneller als erwartet hat der hessische Ministerpräsident gehandelt, wohl um einem Rücktritt Fischers zuvorzukommen. Fischer ist sein Amt los und wir unseren wichtigsten Nachtcafé-Gast. Auch flehentliches Nachhaken bleibt ergebnislos. Der Minister a. D. ist erst einmal abgetaucht. In zwei Tagen ist Aufzeichnung. Müssen einem wirklich schon vor der ersten Sendung graue Haare wachsen?

Zwei durchwachte Nächte, dann die erste Nachtcafé-Nacht. Statt Fischer haben wir in letzter Verzweiflung einen Heiratsvermittler in die Runde gesetzt. Eine zugegeben etwas eigenwillige Ersatzlösung. Thema „Schwierige Lieben" – ganz so schwierig hatte ich es mir nicht vorgestellt.

Der Moderator als Werbeträger für Sendung Nr. 1

Zum Glück treffen alle schlußendlich festgebuchten Gäste pünktlich ein, auch Sigrid Lindner, die hochschwangere Chefarzt-Geliebte.

Weil wir auch noch ausgerechnet am Valentinstag senden, will ich gleich nach dem Begrüßungsauftritt durch die Schloßtür Blumen an das Publikum verteilen. Jetzt stehe ich in der Februarkälte, 60 Tulpen im Arm und frage mich, gleich aus mehreren Gründen schlotternd, wer denn auf diese alberne Idee gekommen ist. Natürlich war ich es selber.

In der Sendung irritiert mich dann als erster Dietmar Schönherr. Er trägt einen offenbar von Vivi selbstgestrickten Pullover, in dem nach bester Werbemanier die Spenden-Kontonummer für sein Nicaragua-Hilfsprojekt gut leserlich eingestickt ist.

Hatte der Intendant nicht gewarnt? Dieser ewige Altlinke Schönherr! Im Schweizer Fernsehen hatte er doch vor noch nicht allzu langer Zeit US-Präsident Ronald Reagan anatomisch eindeutig bezeichnet, wenn auch, wie er beteuert, nur in einem Nebensatz. Einen Skandal zur Premiere, das stehen wir nicht auch noch durch. Zum Glück soll es ja heute nur um die Liebe gehen.

Eines lerne ich als noch Talkshow-Novize in dieser Premiere zuerst: Angst wäre auch hier im Ring der schlechteste aller Berater. Und noch eines: Die Gäste stehen im Mittelpunkt, nicht der Moderator. Und außerdem: Humor hat nichts mit mangelnder Ernsthaftigkeit zu tun. Fast unmerklich mendelt sich schon bei Sendung eins zumindest umrißhaft der typische Nachtcafé-Stil heraus. Und die Gäste machen es mir leicht.

Eindrücklich vermitteln unsere Prominenten, was es heißt, mit seinem Liebesleben permanent der Besichtigung durch die Öffentlichkeit preisgegeben zu sein. Christine Kaufmanns Hollywood-Ehetraum, der nach nur fünf Jahren zum Alptraum mutierte, eignet sich bestens als Lehrbeispiel dafür: Trennung, Kampf um die beiden Töchter Alexandra und Allegra, Tony Curtis läßt die Kinder nach Amerika entführen, acht Jahre Kampf ums Sorgerecht, von der Boulevardpresse mit innigster Anteilnahme in großen Lettern begleitet. 1980 erst kehren die Töchter zu ihr zurück. Wie sieht sie Ihre eigene Rolle in diesem Spiel? „Wenn jemand berühmt ist, ist alles Normale nicht mehr normal. Es ist schwerer, weil man dauernd beobachtet wird, nicht so wie von der Concierge zum Beispiel, mit der kann man darüber reden, sondern es ist millionenfach multipliziert, es wird geklatscht, aber über seine wahren Gefühle will und kann man eigentlich nicht wirklich reden. Heute rede ich gar nicht mehr darüber. Mir ist lieber, sie drucken irgendeinen Unsinn in der Presse, als daß es wirklich mit mir etwas zu tun hat."

Nun so ganz bibeltreu hat sich auch Christine Kaufmann weder vor noch nach unserer Sendung an ihre eigenen Worte halten können, und sie befindet sich dabei in bester Gesellschaft, mit den Scharpings, Beckers und Hera Linds dieser Welt.

Und Dietmar Schönherr? Haben sich Vivi und Dietmar nicht ganz bewußt als Traumpaar höchst wirksam selbst vermarktet? „Ja, aber das überholt einen an einem ganz bestimmten Punkt. Und dann haben wir es nicht mehr gewollt. Aber man kann es dann – wie im Zauberlehrling – nicht mehr loswerden. Es ist gräßlich, wenn man auf der Straße nicht mehr gehen kann, ohne dauernd von irgend jemand angequatscht zu werden. Und wenn man in einer jungen Liebesbeziehung steckt, ist dieses permanente Anquatschen tödlich. Wir sind nach Venedig geflüchtet, so dachten wir. Dann kamen irgendwelche Touristen auf uns zu und riefen laut: ‚Ja wos, das is aber mal nett, die Vivi und der Dietmar! Nett! Ja was machen Sie denn für ein saures Gesicht, wenn wir Sie erkannt haben, da können Sie sich doch freuen!' – Für mich gehört Liebe nicht in die Öffentlichkeit, um dort zertrampelt zu werden. Das ist privat, Privatissimum.

Und dann wird eine unendlich verletzliche Beziehung auch noch in diese spezielle Art von Presse gezerrt. Und eigentlich warten die Journalisten nur darauf, daß man sich endlich scheiden läßt oder dem anderen eine Kugel in den Kopf schießt oder ihn ständig verprügelt. Wenn man aber sagt: Ich bin jetzt 22 Jahre verheiratet, dann interessiert das keinen einzigen."

Dietmar Schönherr ist bei Niederschrift dieser Zeilen nun

Nachtcafé-Premiere im Schloß Favorite – Februar 1987

schon 36 Jahre verheiratet. In meinen Sendungen ist er mir seither immer wieder begegnet, der Querdenker, Provokateur und – nicht zuletzt – eindrucksvolle Schauspieler. Nicht viele bleiben sich selbst so treu wie er. Doch seine Ehefrau Vivi Bach, ohne die er nicht leben kann, haben wir noch nie zu Gesicht bekommen. Siehe oben?

36 Jahre Ehepaar Schönherr/Bach. Ein weiterer Gast unseres ersten Nachtcafés kann inzwischen mit immerhin 29 Ehejahren aufwarten, und das, obwohl er nach den Regeln seiner Zunft überhaupt nicht heiraten dürfte. Aber gerade deshalb sitzt er in dieser Nachtcafé-Runde: Georg Denzler, katholischer Priester, Professor für Kirchengeschichte in Bamberg und seit 1973 Ehemann und Vater. Auch den widerborstigen gefallenen Kirchenmann habe ich vorab zu Hause besucht und mich sozusagen qua Lokaltermin vom realexistierenden Eheglück überzeugt: Warmherziger Empfang durch Ehefrau Irene. Als sie 18 war, hatte sie der 20 Jahre ältere Priester bei der Jugendarbeit kennengelernt. Denzler in der Sendung: „Wir haben uns gemocht, ohne daß ich daran gedacht habe, dieses Mädchen jemals zu heiraten, das kam mir nicht in den Sinn. Und das ging auch nicht. Ich hatte das Zölibatsgesetz angenommen. Mit Gottes Hilfe, dachte ich, wirst Du es schaffen." Mit des zuständigen Bischofs Genehmigung schafft er zunächst etwas anderes: Die mit nur 22 Jahren gefährlich junge Irene darf per Sondererlaß seine Haushälterin werden. „Daß Gott mir hilft bei der Einhaltung des Zölibats, darauf habe ich vertraut. Und habe das 18 Jahre geschafft. Bis ich es eines Tages nicht mehr schaffen wollte ..." Als Georg Denzler nach Gerüchten um die Schwangerschaft seiner Haushälterin zum Augsburger Erzbischof zitiert wird, will er von ihm eine ehrliche Lösung: „Darauf meint er, ich würde diese Tugend der Ehrlichkeit im Gesamt der Moraltheologie wohl etwas falsch einordnen. Man müsse nicht so ehrlich sein, wenn man manches verdecken kann im Interesse der Kirche oder der Familie, dann soll man das tun ... Ich sage umgekehrt: Ehrlichkeit ist das Allerwichtigste im Leben."

Das konnte natürlich nicht gutgehen, dem Katholizismus durch Abschaffung der Doppelmoral den Boden zu entziehen.

Denzler soll dem Priesterstand enthoben werden. Seine Gemeinde kämpft für ihn, wird beim Bischof vorstellig. Er wehrt sich, wird exkommuniziert, heiratet notgedrungen nur standesamtlich. Schließlich doch noch ein Kompromiß: Er bleibt formal Priester, obwohl man ihn keine Messe mehr lesen läßt. Bei meinem Hausbesuch dokumentiert sich der Triumph der Liebe über den Zölibat in Gestalt zweier reizender Kinder, mit Namen Paul und Pia. Georg Denzler ist Spezialist für die Geschichte des Papsttums.

Im Nachtcafé wird der Kirchenhistoriker dank seiner persönlichen Geschichte, seiner Ehrlichkeit und Ausstrahlung unversehens zum Star des Abends. Auch einer meiner weiteren nichtprominenten Gäste erobert durch seine Offenheit die Sympathie des Publikums: die Geliebte. Es ist noch alles andere als üblich, über solche Dinge im Fernsehen zu reden. Eine Geschichte wie aus dem Lore-Roman: Patientin verliebt sich in verheirateten Chefarzt. Bald erwartet sie ein Kind von ihm. Als sie bei uns sitzt, sind es noch wenige Wochen bis zur Geburt. Den rasch vergängliche Zauber und das nachhaltige Elend der Geliebtenrolle entwickelt Sigrid Lindner am eigenen Exempel in größter Intensität: die Heimlichkeit, das Warten, das nicht anrufen dürfen und immer wieder die Einsamkeit, wenn sie am wenigsten zu ertragen ist. Jetzt will sie mit der Heimlichkeit ein Ende setzen. „Wie wird sich Ihr Leben ändern, wenn das Kind da ist?" „Ich glaube nicht, daß wir die Beziehung in dieser Form weiterführen werden. Aus unterschiedlichen Gründen. Ein Grund ist sicher, daß die Öffentlichkeit nicht erfahren darf, wer der Vater des Kindes ist, denn er hat einen katholischen Arbeitgeber." So überraschend nahe liegen die Geschichten unserer Gäste beieinander.

Wenige Wochen später eine Geburtsanzeige: Moritz, 18. April 1987. Dazu handschriftlich: „Lieber Wieland Backes, auch eine schwere Liebe bringt Sternstunden des Glücks, die dann alles andere nebensächlich werden lassen und um deretwillen man dann auch erträgt, was wehtut. Das Nachtcafé hat meinem Freund gut gefallen. Herzlichst Ihre Sigrid A. Lindner." Blumen von der Redaktion, dann verliert sich der Kontakt. Wir haben ihre Spur auch bei den Recherchen zu diesem Buch nicht wiederfinden können.

Von Georg Denzler indes wissen wir: Er hat seinen Kampf gegen den Zölibat fortgesetzt, mindestens so entschieden wie erfolglos. Als Professor für Kirchengeschichte ist er pensioniert, als liebender Gatte noch voll im Amt.

Und was gibt's Nachtcafé bezogen über Joschka Fischer zu berichten? Im Dezember 1987 hat es dann doch noch mit seinem Besuch bei uns geklappt. Das Thema: „Was für ein Jahr!" Wie wahr!

Übrigens, als Ausstrahlungstermin für unsere Premiere hatte uns die Sendeleitung die Uhrzeit 23.30 zugeteilt. Es sei eben ein „Nacht"-Café. Am Sendetag selbst überzieht die vorhergehende Karnevalsübertragung gehörig. Erst um vier Minuten vor Mitternacht gehen wir endlich auf Sendung. In völlig desolatem Gemütszustand überstehe ich die nächsten eineinhalb Stunden, dann eine überraschende nächtliche Anrufswelle mit Lob und Glückwünschen. Werden wir vielleicht doch noch Sendung zwei erreichen?

Was zeichnet besondere Leistungen aus? Ein Satz von Thomas Alva Edison fällt mir dazu ein: 1% Inspiration und 99% Transpiration. O ja!

Von Genie bis Scharlatan, von Schönheit bis Scheusal

Die Nachtcafé-Gäste – vielfältig wie das Leben

Keiner hätte gewagt es vorherzusagen, am wenigsten ich selbst: Gut 15 Jahre nach jener denkwürdigen Premierennacht existiert die wacklige Unternehmung von einst immer noch. Rund 250 Nachtcafé-Folgen haben wir bis dato produziert mit insgesamt mehr als 1700 Gästen. Nicht einmal der Moderator wurde ausgetauscht. Über die Gründe, warum ich Deutschlands bis jetzt langlebigster Talkshow-Gastgeber werden konnte, möchte ich hier nicht viel ausführen. Vielleicht nur: Als Abteilungsleiter war ich lange Jahre auch mein eigener Chef, und wir beide hatten eben ein sehr gutes Verhältnis zueinander. Auch das Schloß Favorite ist immer noch unser Domizil, und selbst die leichten italienischen Ledermöbel der Nachtcafé-Runde sind seit Anbeginn dieselben geblieben.

Was hat diesen nachhaltigen Erfolg möglich werden lassen? Zuallererst die Gunst und die Treue unserer Zuschauer, die uns, seit wir jetzt noch häufiger senden, allwöchentlich noch beglückendere Reichweiten bescheren. Meine Erfahrung sagt, das Publikum weiß sehr wohl, welche unserer Sendungen gelungen und welche eher danebengegangen sind, die Quittung erfolgt beim Stand der heutigen Quotenmeßtechnik sozusagen auf dem Fuß. Und es sind keineswegs nur die leichtgängigen, lockeren Themen, die funktionieren. Viele Zuschauer lassen uns wissen, daß sie unser Spiel gerade in diesen Fernsehzeiten begierig aufnehmen. Wir nennen es: Verführung zum Niveau.

1800 Gäste – bis etwa Sendung 50 war ich stolz darauf, die Namen aller Beteiligten noch frei aus dem Gedächtnis hersagen zu können. Heute fallen mir vor allem noch jene ein, die mich durch ihre Persönlichkeit, ihr Wirken, ihr Wesen oder ihre

Schrullen tief beeindruckt, schockiert, amüsiert oder nachhaltig enerviert haben. Von jeder Sorte verfügen wir inzwischen über eine reichhaltige Auswahl in unserem Archiv.

Der bisher älteste Nachtcafé-Gast hieß Rudolf Lipinski und war 101 Jahre alt. Er war noch als k.u.k Infanterist für die Donaumonarchie in den Ersten Weltkrieg gezogen. Der jüngste hieß Jonathan, war knapp drei Monate auf der Welt und hatte eine erst 16jährige Mutter. Sein Redebeitrag beschränkte sich allerdings auf ein kurzes,

Rudolf Lipinski, der mit 101 Jahren älteste Nachtcafé Gast

wonniges Lallen. Die kürzeste Verweildauer in der Nachcafé-Runde hatte Regisseur Dieter Wedel, der uns bereits nach acht Minuten Laufzeit wieder verließ. Davon wird noch eingehender zu reden sein. Am längsten blieb Wolfgang Joop, dem es in unserem Kreis

Teenager-Familie im Gespräch

Angeregter Disput: Ordensschwester Klarissa und Modezar Wolfgang Joop

offenbar so gut gefiel, daß er nach dem Ausklang im Restaurant uns auch im Morgengrauen noch nicht verlassen wollte: „Wenn der Wirt jetzt schließen will, dann kaufe ich eben das Lokal!" Es blieb bei der Ankündigung.

Blaues Blut und Prinzenrolle

Begegnungen mit echtem und falschem Adel

Manchmal neigt man dazu, auch längst verbriefte Tatsachen einfach zu vergessen: Der Adel in Deutschland ist abgeschafft. Seit Ende des Ersten Weltkriegs dürfen Adelstitel nur noch als Bestandteil des Namens geführt werden: keine Privilegien mehr, kein gesellschaftlicher Platzvorteil qua Geburt. Alle Menschen sind vor dem Gesetz gleich. Soweit die Theorie.

Und die Realität? Mehr als 80 Jahre später erscheinen die Abgeschafften quicklebendiger denn je. Ein schlichtes „von" im Namen, eine Gräfin, ein Prinz oder gar ein Herzog, das ziert und verfehlt auch heute selten seine Wirkung.

Anlaß genug, auch im Nachtcafé der „Magie des blauen Blutes" nachzuspüren.

Rund 4000 Adelsgeschlechter soll es hierzulande noch geben, Hoch- und Nieder-, Ur-, Brief- und Scheinadel mit insgesamt 60 000 bis 80 000 Köpfen. Ja, und einige davon gehörten zu den Gästen, die in unserer Sendung und meiner Erinnerung ihre mehr oder minder ehrwürdigen Spuren hinterlassen haben.

Zugegeben, vielleicht gebricht es mir zuweilen am gebotenen Respekt. Denn als ich 1989 unser erstes Nachtcafé zum Thema „Adel heute" eröffne, rutscht es mir einfach heraus. In meinem Moderationstext steht: „Herzogin von Sevilla, Sie entstammen ja einem ehrwürdigen Geschlecht..." und über die Lippen geht „...einem ehrwürdigen Gestüt". War's denn nun ein Versprecher à la Freud oder ein unverzeihlicher Fauxpas? Gleichwie, unversehens entpuppte sich der ungeplante Einstieg als Treibsatz für eine Sendung, die mir bis heute als eine der originellsten und spannendsten in Erinnerung geblieben ist.

Die Gästemischung ist explosiv: Herzog Carl von Württemberg, der Chef des Hauses, wäre heute König, wenn es die Monarchie noch gäbe. Eine Perspektive, die er in einer „demokratischen

Variante" noch immer ganz apart fände. Bei den Landeskindern erfreut sich Herzog Carl großer Beliebtheit, nicht zuletzt auch wegen seines sozialen Engagements. Er strahlt eine freundliche Gediegenheit und entspannte Souveränität aus, die man nur haben kann, wenn man 900 Jahre Familiengeschichte, ausgedehnte Ländereien und etliche solide Wirtschaftsbeteiligungen im Rücken weiß. Zugegeben, die 70 Kulturdenkmäler, die dem Haus Württemberg gehören, erscheinen da mehr als Last.

Als ich ihn auf seinem Schloß in Altshausen zum Vorgespräch besuche, wird mir das Prinzip von „Adel verpflichtet" vor Augen geführt: Disziplin, Prinzipientreue, unaufdringliches Standesbewußtsein. Die korrekte Anrede? Er präferiert das leutselige „Herzog Carl" anstelle des im Volke noch immer sehr beliebten „Königliche Hoheit". Die Bezeichnung „Herr Württemberg" ist kaum in Gebrauch.

Adel verpflichtet: Herzog Carl von Württemberg in blaublütiger Gesellschaft vor Schloß Favorite

Am Sendungstag, wenige Stunden vor der Aufzeichnung, klingelt in meinem Hotelzimmer das Telefon, am anderen Ende der Herzog: „Schön, daß Sie bei mir wohnen". Ich habe verstanden: Auch das Schloßhotel Monrepos ist ein Haus Württemberg.

In der Sendung haben wir direkt neben den Herzog eine Frau gesetzt, die zu ihrer blaublütigen Herkunft demonstrativ auf Distanz gegangen ist. Sie heißt eigentlich Jutta von Ditfurth, Tochter des populärwissenschaftlichen Autors Hoimar von Ditfurth, eine Frau mit ebenfalls edlen familiären Wurzeln. Aber das „von" hat sie mittlerweile weit von sich gewiesen, so wie man es von einer radikalen grünen Fundamentalistin wohl auch erwarten darf. Jutta Ditfurth verdankte ich schon manchen Ärger mit meinen Oberen – vermutlich ist auch heute auf sie Verlaß.

Der Herzog, Jutta Ditfurth ... zum Trio infernale wird die Runde durch eine Figur, die man mit dem Begriff „unglaublich" nur unzulänglich erfassen kann. Ein lebender Beweis für die zeitlose Attraktivität des Adelsstandes und gleichzeitig seine permanente Beleidigung. Kein Autor würde sich trauen, diesen Mann für ein Drehbuch zu erfinden. Aber jetzt sitzt er da, damals 1989, zum ersten Mal in einer deutschen Talk-Show: Früher hieß er mal Hans-Robert Lichtenberg und operierte zuweilen als Saunabetreiber. Doch 1978 hatte er wohl den Einfall seines Lebens. Ein gewisser Konsul Weyer, Fachmann für Titelhandel, spielte dabei den Paten. Auf seine Vermittlung hin traf er Prinzessin Marie Auguste, in erster Ehe Schwiegertochter des letzten Kaisers, 81 Jahre alt und völlig verarmt. Als Lichtenberg ihr den Vorschlag unterbreitet, ihn für eine Leibrente von 2000 Mark zu adoptieren, sagt Hoheit, die wieder ihren Geburtsnamen trägt, nicht nein und verwandelt den Frosch Hans-Robert per Verwaltungsakt zum Prinzen Frederic von Anhalt inklusive Herzog zu Sachsen und Graf zu Askanien. Dieser setzt nun darauf, sein Gut durch weitere Adoptionen und Kurzehen nachhaltig zu mehren. Bald stellt er fest, daß es ein Land gibt, in dem ein Adelstitel noch mehr zählt als hierzulande: Amerika. Dorthin bricht er auf, um als mutmaßlich schwerreicher Altadliger eine andere schillernde Figur zu heiraten: Zsa Zsa Gabor. Er wird ihr Ehemann Nummer zehn.

Zwei Stunden vor Sendungsbeginn: Die Gäste des Abends

werden wie üblich noch im Hotel miteinander bekanntgemacht. Da stellt sich heraus, daß der gekaufte Prinz mit weiteren Gästen wohl noch offene Rechnungen hat. Zusammen mit ihm in die Sendung gehen: niemals! Dem echten Adel bleibt zum Glück verborgen, daß die Sendung jetzt am seidenen Faden hängt: Lautstarke Krisengespräche im Nebenraum, Pendeldiplomatie der Redaktion von Hotelzimmer zu Hotelzimmer. Dann wollen sich die Streithähne den Fernsehauftritt doch nicht entgehen lassen. Schon leicht flügellahm lenken sie ein.

Das sind Situationen, die Moderatoren besonders lieben: Das Nachtcafé am 9. März 1989 zum Thema „Adel heute" beginnt also mit einer enervierenden Zitterpartie. Was ich in diesem Augenblick noch nicht weiß: Es sollte für mich eine der unvergeßlichsten Sendungen überhaupt werden. Das Zusammentreffen von Jutta Ditfurth, Herzog Carl und Prinz Frederic entpuppt sich rasch als unheimliche und gleichwohl spannende Begegnung der dritten Art. Und die Geschichte mit der Adoption gerät dem Prinzen gar zum Rührstück:

„Was habe ich dafür getan? Ich hab also diese Prinzessin von Anhalt kennengelernt in Essen in einem Restaurant, so 'nem Fischrestaurant. Man hat mich darauf aufmerksam gemacht, es war 'ne alte Dame, saß fast immer allein da. Sie war damals 81 Jahre, fast immer alleine, sie konnte kaum mehr gehen, aß ihre Fischsuppe. Und dann haben wir uns unterhalten, über alles mögliche haben wir uns unterhalten, über ihre Familie, daß sie Verwandte hat in München zum Beispiel. Aber diese Verwandten haben sich seit 50 Jahren nicht mehr um sie gekümmert, keine Adresse mehr, keine Telefonnummer, gar nichts mehr, und so kamen wir ins Gespräch. Ich hab sie eingeladen ins Theater, wenn ich Zeit hatte, hab ihr hin und wieder Blumen geschickt oder bin mit ihr zum Essen gegangen, und dann kam das Gespräch auf die Adoptionsgeschichte. Ich hab mich mit meinen Eltern unterhalten und hab gesagt, das und das könnte ich machen. Meine Eltern haben gesagt, wenn du das willst, du bist alt genug ... Ich hab es mir überlegt, warum eigentlich nicht, 'ne schöne Sache, ein schöner Name, vielleicht kann man ein gutes Geschäft draus machen ..."

Zur Illustration seines Tuns hat uns der synthetische Prinz einige seiner Orden mitgebracht, die er mit angeblich durchschlagendem Erfolg bei Gala-Diners zahlungsfähigen US-Bürgern an die Brust heftet.

Der Moderator: „Was waren Sie denn, bevor Sie Prinz wurden?"

„Bankkaufmann. Adel hat mich im Grund nicht interessiert, ich war Kaufmann, nur Zahlen..."

Darauf der Herzog: „Ja, warum tragen Sie den Titel dann, wenn Sie der Adel nicht interessiert? Dann wäre doch jetzt die logische Folgerung, nachdem Sie sagten, auch in Amerika funktioniert das Geschäft nicht mehr, den Adelstitel wieder abzulegen..."

„Geht nicht, geht nicht...!"

So unauflösbar können selbst käuflich erworbene Familienbande sein...

Dem seriösen Adelsmann steht das Leiden im Gesicht. Doch Contenance bewahren hat er schließlich gelernt, auch als die soeben abgewählte Grünenvorsitzende Jutta Ditfurth die Enteignung der württembergischen Ländereien anregt. Außerdem sei der Adel notorisch frauenfeindlich, wirft sie dem Herzog vor und nennt ihn dabei „Herr Württemberg". Doch der so Bescholtene hält auch dieser weiteren Eskalationsstufe stand: „Frau Ditfurth, ich schätze an Ihnen, daß Sie überall eine klare Linie vertreten: Das ist Adel!"

Hommage oder Demontage. Was ist dem Adel in diesem Nachtcafé widerfahren?

Nun, die mediale Allgegenwart der Königshäuser von England bis Spanien, der langanhaltende Medienrummel um den Tod von Lady Di oder gar um den prügelnden und urinierenden Welfenprinzen läßt keine Zweifel aufkommen.

Auch die Helden unserer Sendung von 1989 haben weiter ihre Spur gezogen:

Herzog Carl von Württemberg hat zwar die Geschäfte der Hofkammer bereits an seinen Sohn Friedrich abgegeben, aber als Chef des Hauses Württemberg wirkt der Mitsechziger nach wie vor und heute insbesondere im Sozialen. Und seine sechs Kinder haben ihm bis dato elf Enkel geschenkt. Um den Bestand des Hauses Württemberg muß man sich also keine Sorgen machen.

Und Jutta (von) Ditfurth? Sie hat ihren Weg von der Grünenvorsitzenden zur anzunehmend größten Feindin der real-existierenden alternativen Partei konsequent fortgesetzt. Politischen Einfluß oder gar Popularität hat sie wohl kaum noch. Aber nach der Wende in der DDR hatte sie einen Roman geschrieben über ihre adlige Urgroßmutter aus Thüringen, die in die Wirren der Pariser Kommune von 1871 geriet. Vive la tradition familiale!

Und unser Herr Lichtenberg, der Prinz von Anhalts Gnaden? Durch Titelhandel in eigener und fremder Sache hat auch er sich um den Bestand des Adels weiter verdient gemacht. Mehr als 500 Fernsehauftritte hat er seit dem Nachtcafé absolviert. Thomas Gottschalk wurde von ihm vor einem Millionenpublikum zum Ritter geschlagen. Man darf ihn mittlerweile zu den bekanntesten Vertretern des Adels zählen. Daß dies so bleibt, ist ihm mediale Verpflichtung: Wir lesen über die Trennung von Gattin Zsa Zsa, über die Hinwendung zu einer amerikanischen Medizinstudentin, die ihm ein Kind und einer jungen Deutschen, die ihm den Titel verdankt. Wir können darauf vertrauen: In der Schere zwischen Geltungsdrang und Peinlichkeitsempfinden wird der Prinz auch künftig klare Prioritäten setzen.

Prinz Frederic, eine einmalige Sumpfblüte? Nur wenige Jahre später, 1997, begegnet mir im Nachtcafé sein weibliches Pendant: Angela Stölzle, die Frau, die ich in der Sendung rechtmäßig Prinzessin Angela von Hohenzollern nennen

darf. Mit pfingstrosenumflortem Dekolleté sitzt sie vor unseren Kameras und sagt, Adel, das sei wie im Märchen. „Und Sie sind direkt aus dem Märchen auf uns niedergekommen?" frage ich. Ja, aber zuvor habe sie eben „diesen armen Jungen" heiraten müssen, einen echten Hohenzollernprinzen – einen „Legastheniker", wie sie die Wahrheit fremdwörtlich verschönt. Der Junge heißt Prinz Carl Alexander von Hohenzollern, ist 30 Jahre jünger als seine Angetraute und entstammt einer verarmten und „leicht entgleisten" Nebenlinie. Nach zwei Jahren schon hat der Prinz seine Schuldigkeit getan. Durchlaucht Angela sucht samt edlem Namen das Weite, die Côte d'Azur. Dort, so erfahren wir im Nachtcafé, hat sie den „Royal Ladies Club" ins Leben gerufen, der gesellschaftlich, kulturell und sozial Bedeutsames leistet. Da entfährt es doch einer gestandenen realen Baronin in der Nachtcafé-Runde: „Prinzessin, Sie sind für mich der wahre Adel!"

Ruhm, Geld, Macht

Wer wär' nicht gerne Millionär

Man muß einräumen: Die Zahl der Menschen, die sich durch den käuflichen Erwerb eines gehobenen Adelstitels selbst zu erhöhen trachten, ist überschaubar. In der Wahl dieses bizarren Weges stellen sie eine Sondergruppe dar, nicht allerdings in der Zielsetzung, da bewegen sie sich mit der Mehrheit hienieden in bester und einträchtiger Gesellschaft: im Ringen um Status und Ansehen, im Drang, sich über andere zu erheben. Aus der grauen Masse herausragen, etwas Besonderes sein, ein Objekt von Bewunderung und – sei's drum – auch von Neid; dieses Antriebsmoment hat sowohl einzelne Lebensläufe wie auch den Gang der Weltgeschichte mehr geprägt, als viele es wahrhaben wollen.

„Nichts ist so erfolgreich wie der Erfolg!" Für die Deutschen an der Wende zum 21. Jahrhundert ist dieser Satz offenbar Bestandteil des täglichen Morgengebets. Die Erfolgsgesellschaft blüht und treibt Blüten. Die Frage „Erfolg, womit?" „Erfolg, wozu?" entschwindet dabei mehr und mehr ins Unwesentliche. Eines der probatesten Mittel, Erfolg auch gebührend zu dokumentieren, hat seine Bewährungsprobe längst bestanden. „Non olet" – Es stinkt nicht. Am Gelde hängt, zum Gelde drängt ... Da wir aus einem Landstrich senden, dessen Bevölkerung sich nicht des Verdachts einer Unterbewertung des Monetären aussetzen muß, hat das Thema „Geld" im Nachtcafé bei unserem Publikum stets für lebhafteste Resonanzen gesorgt.

2. März 1995, mit schwerer, dunkelverglaster Limousine läßt sich ein Mann direkt vors Favorite-Schloß fahren, den man, wäre er nicht so sagenumwoben renommiert und ehrfurchtgebietend betagt, auch ein Männchen nennen könnte. Redakteurin Friederike Barth schreibt in das Dossier für den Moderator: „Der Börsenspekulant, Buchautor, Vortragsreisende und Lebemann ist vermutlich vielfacher Millionär und besitzt Häuser an verschiedenen Orten. Kann von den Zinsen leben. Hat Philoso-

phie studiert und ein bißchen Literatur. Achtung: Auf keinen Fall fragen, wie viel Geld er hat, da flippt er richtig aus!" Der so Charakterisierte ist, seit sich an der Börse der Boom zu regen beginnt, gefragter denn je, André Bartholomew Kostolany, in jenen Tagen stattliche 89 Jahre alt.

Jetzt versinkt er förmlich im Sessel neben mir, auch für die Kameras nur schwer einzufangen hinter seinem Orangensaftglas. Nur wenn er sich erregt, bäumt er sich sichtlich auf, was auch kameratechnisch von Vorteil ist. Und Erregendes gibt es viel an diesem Abend.

Die besten Nachtcafés, das sagt die langjährige Erfahrung, kommen oft dann zustande, wenn Welten aufeinanderprallen, die sich gegenseitig gründlich fremd sind. Gründlicher als in dieser Sendung geht es kaum: Das Thema lautet: „Geil auf Geld – Gier ohne Grenzen?" Und eines von Kostolanys Gegenübern ist Barbara Thalheim, bis zum Ende der DDR ein Star des Ostens.

Die Sängerin, politisch ungebrochen links, hat die Wende nicht gut überstanden. Obwohl nicht unkritisch gegenüber dem System, durfte sie zu DDR-Zeiten auch im Westen auftreten und vor hiesigen Intellektuellen Erfolge feiern. Als nach der Maueröffnung alle dürfen und das hohe Lied des Kapitalismus angestimmt wird, ist es mit dem Reiz von Barbara Thalheims Liedern für das Publikum rasch vorbei. Hüben wie drüben interessiert sich kaum noch jemand für die Botschaften und Werte, für die sie steht. Enttäuschung ist ihr anzusehen und ein Hauch von Bitterkeit. Und trotzdem hat sie noch etwas Kämpferisches, fast so wie im Sommer 1989, als die Fluchtwelle über Ungarn das Ende der DDR einläutete. „Glücklich im Westen?" lautete damals das Thema unserer Sendung, und Barbara Thalheim beschwor ihre Entscheidung, ihr Land auf keinen Fall zu verlassen. Wenig später hat sich die Frage so nicht mehr gestellt.

Für den Seelenfrieden des Exilungarn Kostolany ist die Sängerin das pure Gift.

Im Vorgespräch mit mir war er noch völlig aufgegangen in der Rolle des Börsengurus und Bonvivants: „Schauen Sie, es gibt drei Arten, sein Geld loszuwerden: Am schnellsten am Roulette-Tisch, am dümmsten an der Börse und am angenehmsten an die

Frauen. Börsianer wird man so, wie eine Frau zum ältesten Gewerbe der Welt kommt: Am Anfang tut sie es aus Neugier, danach aus Liebe und zum Schluß für Geld."

Jetzt, in direkter Tuchfühlung mit einer persönlichen Klassenfeindin hat der geübte Charmeur spürbare Probleme, seine Rolle durchzuhalten. Barbara Thalheim hat gerade ihre persönliche „Geld-macht-nicht-glücklich-Theorie" entwickelt: „Daß Geld und Glück etwas miteinander zu tun haben sollen, ich halte das für eine Krankheit unserer Gesellschaft!" Kostolany kontert: „Die Gier nach Geld hat eine große Bedeutung, sie bringt die Wirtschaft ununterbrochen voran. Hören Sie, ich kenne das kommunistische Regime in Ungarn, ich kenne die Hochburg des Kapitalismus, Amerika. Als ich aus Amerika ins kommunistische Ungarn kam, war ich am Anfang berauscht davon, daß dort nicht dauernd übers Geld geredet wird. Aber warum? Weil sie keine Chance hatten, Geld zu machen. Aber gedacht haben sie nur an Geld! Ich muß Ihnen sagen, ich bin ein absoluter Befürworter des kapitalistischen Systems, aber ich habe die Kapitalisten nicht sehr gerne. Ich habe eine Mißachtung für die Kapitalisten, aber nicht für das System." „Sind Sie nicht selbst ein Kapitalist?" „Ja, aber nur, weil ich Glück gehabt habe." Thalheim: „O Gott!" Und später weiter: „Mich interessiert nicht der wirtschaftliche Fortschritt, mich interessiert der emotionale Fortschritt!" Kostolany hocherregt: „Was reden Sie da, ich kenne die Menschheit, ich bin bald 90 Jahre alt!" Thalheim: „Ich verneige mich vor Ihrem Alter, aber ich verneige mich nicht vor dem, was Sie Ihre Geschichte gelehrt hat. Ich bin im Osten groß geworden, und was wir in diesen Kapitalismus einzubringen haben ist nicht das Geld. Und wenn ihr das endlich begreifen würdet, dann wäre das endlich eine Ehe zwischen Kapital und Emotion. Heute fahren wir im Osten das bessere Auto, haben den besseren Kühlschrank, das bessere Fernsehgerät. Wir haben, wir haben, wir haben ... Und trotzdem ist unser Glücksgefühl nicht besser als vorher. Geld und sich gut fühlen hat nicht unbedingt etwas miteinander zu tun!" Kostolany (laut): „Das ist so bei den Menschen Ihrer Einstellung, aber die Mehrheit der Menschen will mehr!" Thalheim (sehr laut): „Nein!!!"

Wie reizvoll ist es doch jetzt, die sich hart im Raume stoßenden Theorien an einem realen Beispiel zu überprüfen. Die wie für diesen Zweck geschaffene Fallstudie sitzt direkt neben Barbara Thalheim: Im himmelblauen Brioni-Anzug, eine papageienbunte Krawatte am Hals und eine von Diamanten übersäte Uhr am Handgelenk. Vor der Tür steht von uns kamerafreundlich plaziert sein klischeegerechtes Dienst- und Privatfahrzeug, ein Rolls Royce Silver Spur. Richtig unglücklich sieht er nicht aus, aber vielleicht liegt das auch an seinem gutgebräunten Teint, der die Fröhlichkeit seiner Mimik spürbar stützt. Es ist Werner Metzen, der Ramschkönig. Viele im Land kennen ihn, weil er tonnenschwere Lagerbestände, vor allem aus der früheren DDR, für ein Nasenwasser aufgekauft und anschließend in seinen Billigmärkten (schau wie günstig!) gewinnbringend verhökert hat: Teures billig: Mit Kram wie alten Uniform-Mützen, Teppichklopfern und Halstüchern der „Jungen Pioniere" hat er sein Glück gemacht. Glück? „Ich habe ohne einen Pfennig angefangen", berichtet er in der Nachtcafé-Runde. Ich habe immer härter gearbeitet als andere, wollte was erreichen, aus einer Mark habe ich zwei gemacht aus zwei, vier usw … Zum Zeitpunkt unserer Sendung liegen für Metzen angeblich 30 Millionen auf der Bank. Glücklich?

In die Boulevardpresse gerät unser Gast eher als Glücksuchender. Eigentlich sollte es nur eine PR-Maßnahme für seine Märkte sein. Aber die Boulevard-Redakteure geben der Story über Metzen nach dem Hausbesuch einen höchst publikumswirksamen Dreh: Der „Glatzen-Millionär", wie er jetzt heißt, sucht via „Bild", also sozusagen in öffentlicher Ausschreibung, die Frau fürs Leben. Von einer Nachfrage in „Orkanstärke" spricht das Blatt. Schließlich wählt Metzen unter angeblich 2000 Bewerberinnen Andrea, 25, aus. Wenige Wochen Berichte über Liebesglück und Heiratspläne. Dann stellt sich heraus: Andrea ist eine Professionelle aus dem Milieu und lebt mit einem Zuhälter schon lange in gut-bürgerlicher Ehe. Immer wieder sieht man Werner Metzen in der Zeit danach in irgendwelchen Gazetten mit irgendwelchen jungen Frauen abgelichtet. Doch eine ernsthafte Bindung ergibt sich nicht daraus. Als er im Nachtcafé sitzt, hat man das Gefühl, daß er längst weiß, wie tief er mit der Bereitschaft zur öffentlichen Brautschau in eine perfide Falle geraten ist.

Das Gespräch beim Wein im Anschluß an unsere Sendung sensibilisiert mich dann doch noch mehr für diesen Mann. Jetzt, abseits der großen Bühne, öffnet er sich, gewinnt an Sympathie, und ich spüre, da sitzt einer, der sich im Augenblick praktisch jeden materiellen Wunsch erfüllen kann und besitzt doch erkennbar so wenig. Werner Metzen, das lebende Klischee vom einsamen, im Grunde unglücklichen Millionär, so erlebe ich ihn jetzt: ein Mann, der förmlich giert nach den Dingen, die nicht mit dem Scheckbuch zu regeln sind, nach gesellschaftlicher Anerkennung, nach Freundschaft und – wen wundert's – nach wahrer Liebe.

Keine zwei Jahr nach diesem Zusammentreffen ist in der Presse zu lesen: „Ramschkönig vor dem Aus". „Ein schönes Leben" in seiner Villa in Lloret del Mar wollte er sich nach Jahrzehnten harter Arbeit machen. Doch der Sohn aus erster Ehe, dem die Leitung der Märkte übertragen wurde, fährt das Unternehmen in Windeseile in den Ruin. Am 24. April 1997 lese ich von „beantragter Gesamtvollstreckung", zwei Tage später von Metzens einsamem Tod nach schwerer Krebserkrankung. Im Juni darauf wird das noch verbliebene Inventar des Metzen-Imperiums versteigert. Der Rolls Royce geht für 86 000 Mark an einen Geschäftsmann aus dem Osten.

Und der schon greise Kostolany? Er hat den Ramschkönig noch um gut zwei Jahre überlebt. Im September 1999 starb er 93jährig in Paris. Zuvor wurde er noch, wann immer es ging, als Gallionsfigur des überschäumenden Börsen-Booms herumgereicht, aber im Grunde war ihm die seiner Meinung nach inzwischen entmenschlichte, von Computern beherrschte Aktienwelt längst zuwider. Die größte Leidenschaft des Erzspekulanten galt in seinen letzten Jahren nicht mehr der Welt des Geldes, sondern der Musik.

Und die Sängerin Barbara Thalheim? Noch im Jahr unserer Sendung verabschiedete sie sich von ihrem Publikum, weil sie glaubte „alles gesagt zu haben". Resignation einer Frau, die in anderen Wertkategorien dachte und sang? – Vieles, nicht nur das neue Leben im kapitalistischen Land hat sie zu bewältigen: Berichte über ihre Mitarbeit als „IM" der Staatssicherheit irritieren, berufliche Neuanfänge scheitern, ein Krebsleiden fordert sie heraus. Im Herbst 1998 beginnt sie wieder aufzutreten. „Auferstanden aus den Dogmen und dem Leben zugewandt", heißt es in ironischer Anspielung auf die DDR-Hymne in einem ihrer neueren Lieder.

André Kostolany hat den Kulminationspunkt der Börseneuphorie nicht mehr erlebt. Kurz vor der Jahrtausendwende glauben immer mehr Deutsche, vom Schüler bis zum Rentner, an die wunderbare Geldvermehrung durch Aktienspekulation. „Reich ohne Arbeit", das erscheint vielen nicht mehr als Ausdruck gar zu zügelloser Glücksphantasien, sondern als ein greifbares Ziel für jedermann. Gierig springen viele blindlings auf, im festen Glauben, im richtigen Zug zu sitzen. Das neue Geldfieber geht auch am Nachtcafé nicht spurlos vorbei.

In der Runde vom 14. April 2000 sitzt allerdings eine ganz neue Guru-Generation: Markus Koch zum Beispiel, der für den Nachrichtensender n-tv die Wallstreet observiert, und der es mit seinen kaum mehr als 25 Jahren sogar bei deutschen Rentnern schon zu einer gewissen Berühmtheit gebracht hat. Und dann der Mann, dessen Geldquellen in diesen Tagen besonders ergiebig sprudeln: „Europas Money Coach Nummer 1" nennt ihn die Presse, manchmal auch „Dagobert Duck vom Rhein". Allein schon äußerlich der smarte, sehr deutsche Gegenentwurf zum Ungarn Kostolany. Bodo Schäfer, ein Name, den man inzwischen kennt. Angeblich hat er immer einen baren Tausender bei sich, um auch im Chipkartenzeitalter nicht zu vergessen, wie wohlig sich Reichsein anfühlt. Trägt er heute auch einen vor der Brust? Es sind sogar mehrere. Selbstredend kann auch er den obligaten „Rolls" als Erfolgsbeleg vorzeigen sowie das obligate Anwesen auf Mallorca. Seinen Hund hat er auf den Namen „Money" getauft. Der derzeit führende Geldprophet ist offenbar der Selbstironie mächtig. Früher geriet er mit Importgeschäften selbst schon mal in den Strudel einer fast ausweglos bedrohlichen Schuldenspirale. Jetzt wirkt der gepflegte, dynamische und sogar auch noch gutaussehende Enddreißiger wie das beste Beweisstück seiner eigenen Heilslehre.

Bodo Schäfer veranstaltet gutbezahlte Geld-Seminare, und er hat ein Buch geschrieben, das mehr als zwei Jahre ganz vorne auf den Bestsellerlisten zu finden war, und das sich bis dato rund zwei Millionen Mal verkauft hat: „Der Weg zur finanziellen Freiheit – In sieben Jahren die erste Million". Der Moderator: „In sieben Jahren kann man Millionär werden, aber wohl nur, wenn man solche Bücher schreibt, Herr Schäfer?" Eine richtig erhellende Antwort darauf bekomme ich nicht, dafür eine Mischung aus kindlicher Frühgeschichte und späterer Läuterung: „Ich bin religiös aufgezogen worden, und meine Eltern haben so Dinge gesagt, daß ein Reicher nicht ins Himmelreich gelangen kann, eher geht ein Kamel durchs Nadelöhr. Und so hatte ich ein Problem. Ich habe gedacht, Geld ist schlecht. Oder heute würde ein Moralist sagen, bevor du es bekommst, muß es ein anderer verlieren. Falsch! Geld kann geschaffen werden aus dem Nichts. Gerade die Börse zeigt uns das ja jetzt, und das ist etwas Wunderbares!"

Unerschrocken halten die Mitdiskutanten dagegen, doch Schäfer hat den Zeitgeist auf seiner Seite – noch.

Bereits wenige Wochen nach unserer Sendung reiht sich an der Börse Crash an Crash. Die Spekulationsblase ist geplatzt, die „New economy" sieht über Nacht ziemlich alt aus, und Millionen von Amateur-Spekulanten müssen zusehen, wie ihr vermeintlicher Reichtum sie schneller wieder verläßt als er gekommen ist.

Bodo Schäfer ist sein eigener Erfolg nicht durchweg gut bekommen: Überarbeitung, eine verschleppte Lungenentzündung, Schwierigkeiten mit einem ehemaligen Vertrauten, wirtschaftlicher Zusammenbruch einer Tochtergesellschaft, erste Anzeichen einer Sinnkrise.

Er gründet eine Stiftung, die Waisenkindern den Weg ins Leben erleichtern soll – eine „Sinn-Stiftung"? „Welchen Traum wollen Sie sich noch unbedingt erfüllen?" fragt ihn die Zeitung „Die Woche". „Der Mensch werden, der ich sein könnte."

Macht Geld denn nun glücklich? Die Runden im Nachtcafé gleichen nicht selten einer Versammlung von Glücksuchern. In all den Jahren hat mich das reiche Anschauungsmaterial unserer Gäste mal beflügelt, mal in tiefsinnige Grübelei gestürzt.

In der Sendung mit Bodo Schäfer sitzt auch Albert Steigenberger, der unglückliche, gestrauchelte Millionenerbe der gleichnamigen Hotelkette, und zitiert einen Satz von Reich-Ranicki: „Geld macht zwar nicht glücklich, aber es weint sich im Taxi leichter als in der U-Bahn."

Droge Ruhm

Geschichten vom Aufstieg und Fall

Voltaire sagt in seiner legendären „Lobrede auf die Vernunft": „Nichts ist so verdrießlich, wie ruhmlos gehängt zu werden." Die Furcht davor scheint im Bewußtsein der Menschen endlos tief zu sitzen, denn das Streben nach Ruhm, nach unsterblichem am liebsten, scheint den Drang nach schnöder purer Geldvermehrung noch weit in den Schatten zu stellen. „Von des Lebens Gütern allen, ist der Ruhm das höchste doch." Schiller.

Allein aus dem Nachtcafé ließen sich Bände füllen mit Geschichten von Aufstieg und Fall, von Glanz und Elend. Ruhm – das ist eine Droge mit hohen Risiken und nicht selten mit fatalen Nebenwirkungen.

Zuweilen betreffen unsere Sendung solche Nebenwirkungen ganz unmittelbar. Im Frühsommer 1990 lautet das Thema: „Stars – gemacht, verehrt, verheizt?" Cornelia Froboess ist dabei und der schon damals legendäre Konzertveranstalter Fritz Rau, ein Mann, der mit den Großen der Musikszene von Paul McCartney bis Udo Jürgens auf Du und Du steht. Der kostbarste Star des Abends steht auch längst fest: ein Publikumsliebling von hohen Gnaden, Schauspieler, Sänger, Entertainer: Harald Juhnke.

Regiebesprechung und Stellproben im Schloß. Wie immer ohne die Gäste, das übliche Ritual am Nachmittag vor der Sendung. Alles geht seinen geordneten Gang, ruhig und konzentriert. Selten ist dieser Routineakt für eine Überraschung gut. Aber heute!

Gegen 16 Uhr meldet sich einer unserer Fahrer: Harald Juhnke ist nicht mit dem verabredeten Zug aus München eingetroffen. Rückfrage bei der Agentur: Anrufbeantworter. In welchem Hotel in München hat er zuletzt übernachtet? Die Rezeption kann oder will keine Auskünfte geben. Zeit verstreicht. Die Nasen der

Redaktion werden blaß, kaum einer glaubt jetzt noch daran, daß plötzlich ein fröhlicher Juhnke mit einem erlösenden „'tschuldigung" um die Ecke biegen könnte.

Und die Lücke? Wir brauchen Ersatz, koste es, was es wolle! Das sind die Momente, in denen die Bewunderung für meine Redaktion grenzenlos wird: Mobilfunktelefone gibt es noch nicht. Das Team verteilt sich kurzerhand auf verschiedene Zimmer unseres Gästehotels. Lange, rasch zusammenimprovisierte Namenslisten werden im Stakkato abtelefoniert. Zunächst ergebnislos. Dann ein Lichtblick. Andreas Lukoschick, damals populär als Titelheld des Magazins „Leo's", wäre bereit und könnte eventuell aus seinem Münchner Studio noch rasch zu einem Charter-Flugzeug nach Riem gefahren werden. Mit etwas Glück könnte er bis 21 Uhr da sein. „Und die Kosten?" mahnt die Produktionsleitung. „Höhere Gewalt – oder sollen wir die Sendung absagen?"

Mit freundlicher tätiger Hilfe der baden-württembergischen Polizei trifft unser Not-Gast blaulichtumflort wenige Minuten nach 21 Uhr tatsächlich am Spielort ein. Erleichterung allenthalben. Der Moderator steht bereits schon dermaßen unter Adrenalin, daß er sich nur noch blindergeben dem Schicksal der nächsten 90 Minuten hingeben kann. Es ist nicht eine unserer schlechtesten Sendungen geworden.

Von Harald Juhnke selbst hören wir nichts mehr an diesem Tag. Aber über eine freundliche Kollegin aus Berlin erreicht uns die telefonische Nachricht, unser Star sei in der Nacht zuvor nach einem Alkoholexzeß in eine Münchner Klinik eingeliefert worden. Der Künstler ist sich wieder mal auf verheerende Weise treu geblieben. Fortsetzung und schlimmes Ende sind bekannt.

Eigentlich konnte ich nie so recht verstehen, daß die meisten Fans und Bewunderer den selbstzerstörerischen Alkoholiker Juhnke fast bis zu seiner Unterbringung im Pflegeheim mit einem entschuldigenden, fast verständnisvollen Augenzwinkern kommentiert haben. Viele Stars verlieren auf dem Weg zum Ruhm die Bodenhaftung. Die Intensität des Lebens ist hoch, die Fallhöhe beträchtlich. Und allein schon die Fälle, die uns im Nachtcafé begegnet sind, stimmen nachdenklich.

„Die Realität des Berühmtseins ist grausam." Diesen Satz spricht elf Jahre später die Hollywood-Kennerin Frances Schoenberger gleich zu Beginn der Sendung in die Kamera. „Der einzige Vorteil: Du bekommst einen besseren Platz im Restaurant."

Als einzige Begründung für den kollektiven Drang nach oben erscheint mir das gastronomische Privileg nicht ganz ausreichend zu sein. Paul Sahner, der Star-Interviewer der *Bunten*, ebenfalls in der Runde, war in seiner Laufbahn bereits mit vielen hundert Prominenten auf Tuchfühlung. Kurze Zeit nach unserer Sendung wird er sich zum Beispiel dem liebestrunkenen Rudolf Scharping zuwenden und ihn mit der Veröffentlichung von Liebesspiel-Fotos am und im Pool auf Mallorca in hohe Not bringen. Sahner glaubt an das „Ruhmsucht-Gen", das in uns allen steckt, aber seine *Bunte*-Lebenserfahrung sagt ihm auch, daß Balzac recht hatte: „Ruhm ist die Sonne des Todes". Und so ist es unvermeidlich, daß auch im Nachtcafé zum Thema „Droge Ruhm" im Mai 2001 die Liga der Verbrannten wieder stattlich vertreten ist.

Deutlich gespürt habe ich es schon beim Vorgespräch: Hier habe ich es mit jemand zu tun, der sich mehr als andere mitteilen, sich erklären will. Das Leben dieses heute 41jährigen scheint auch viel zu viel zu sein für nur eine einzige Biographie. Ernst Hannawald hatte in seiner Kindheit kaum Anlaß zum Träumen, aber, daß er mal als populärer Schauspieler von sich reden macht, diese völlig abseitige Vorstellung hatte in seinem Kopf mit Sicherheit keinen Platz.

Die Verhältnisse, in denen er aufwächst, sind desolat: Der Vater Trinker, zehn Geschwister, die Mutter überfordert, sechs Jahre lebt er im Heim. Irgendwo, irgendwie Anerkennung finden. Aber wie? Mit 16 reißt er aus dem Heim aus, streunt durch die Amsterdamer Szene. In dieser Zeit sucht Regisseur Wolfgang Petersen die Besetzung für seinen Film „Die Konsequenz", die Geschichte eines homosexuellen Jugendlichen. Am liebsten würde er die Hauptrolle von einem Laien spielen lassen. Zufällig erhält er den Tipp Hannawald. Und der bekommt die Rolle.

„Jetzt wollte ich denen im Heim zeigen, daß ich es schaffe, daß ich berühmt werde." Die Filmrolle wird ihm zur zweiten

Haut. Das Ergebnis findet überraschend viel Beachtung. Doch Ernst kommt weder mit dem schönen Schein der Filmwelt, noch mit seiner plötzlichen Berühmtheit zurecht. Bei der Premiere im Münchner Arri-Kino beschimpft er von der Bühne herab Regisseur und Produzent. Er bleibt gefragt und spielt an der Seite klingender Namen in einer Reihe von Kinofilmen. Der junge Mann übernachtet in den besten Hotels, wird zum Set per Edellimousine chauffiert und kann im Vertrag festlegen, welche kalten und warmen Getränke beim Dreh vor Ort gereicht werden müssen.

Im Nachtcafé bekennt er: „In dieser Zeit bin ich ein richtiger Kotzbrocken geworden, habe alle Maßstäbe verloren." Als gerade Pläne für ein Aussteigerleben mit seiner Liebsten Kontur annehmen, kommt es zum Einschnitt seines Lebens. Bei einem verbotenen Wendemanöver mit seinem Wagen auf der

Auf der Schattenseite des Ruhms: Ernst Hannawald und Skispringergattin Manuela Thoma

Schwabinger Leopoldstraße passiert ein verheerender Unfall: Ein BMW mit betrunkenem Fahrer rast in ihn hinein. Die Freundin und zwei mitfahrende Freunde sterben. Dieses Erlebnis wirft ihn völlig aus der Bahn. Und die Filmszene entpuppt sich als das schlechteste Pflaster, um aus Schuldgefühlen und Depressionen herauszufinden. In der Sendung sagt die Ärztin Edda Gottschaldt: „Als das passiert ist, hatte er sich selbst noch nicht gefunden. Sein Selbstwert, seine ganze Person war durch die Anerkennung von außen bestimmt. Er hatte gar keine Zeit, zu sich selber zu kommen. Man muß, um solche Situationen zu bewältigen, zuerst lernen, sich selbst zu akzeptieren, sich selbst zu lieben und sich die

Liebe nicht nur von außen zu holen. Wir alle wollen geliebt werden, und ich denke, Ruhm ist so eine Art Ersatzliebe, aber es ist wie Falschgeld."

Viel bare Münze gibt Ernst Hannawald in diesen Tagen aus, für Alkohol und immer mehr für Drogen aller Art. Bald spielt er nicht mehr, verläßt kaum noch das Haus, hat über 100 000 Mark Schulden. Eine Existenz, die rasant auf den Nullpunkt zusteuert. Halb im Drogenrausch überfällt er 1998 mit einer ungeladenen Gaspistole unmaskiert und völlig dilettantisch hintereinander eine Bank und eine Post. Sein Konterfei, groß und deutlich auf Video, macht Identifizierung und Verhaftung zum Kinderspiel. Das Landgericht München verurteilt ihn zu vergleichsweise milden fünf Jahren Haft.

Als er mir im Nachtcafé gegenübersitzt, ist er gerade seit neun Monaten wieder frei – von den Drogen unter Qualen befreit, vorzeitig entlassen und trotzdem noch nicht im Leben diesseits der Gefängnismauern angekommen. Eine Freundin hält ihm eisern und liebevoll die Treue. Zum Glück, denn all diejenigen aus der Branche, die ihm für die Zeit nach der Haft Hilfe und neue Rollen in Aussicht gestellt hatten, sind für Ernst Hannawald jetzt kaum noch erreichbar ...

Falschgeld „Ruhm"? Das gefährlich Verführerische kometenhafter Aufstiege trifft mitreisende Angehörige oft noch viel härter als die Stars selbst.

Die junge Frau, die mir von der Redaktion für das Nachtcafé „Droge Ruhm" zum telefonischen Vorgespräch durchgestellt wird, hat bei mir schon nach kurzem Überfliegen der Unterlagen gleich ein ganzes Bündel altbekannter Klischeevorstellungen bedient: Attraktive Journalistin trifft bei einem PR-Termin auf einen der erfolgreichsten Skispringer der Nation. Blickkontakt, beidseitiges Entflammen, alsbaldige Traumhochzeit in Weiß unter reger Anteilnahme der Medien. Die Jungvermählte konzentriert sich auf ihre neue Aufgabe: Ehefrau und bald auch Mutter. Zuvor war sie viel in der Welt unterwegs. Jetzt zieht sie nach Hinterzarten, ins gemeinsame Eigenheim im Schwarzwald. Denn dort stammt er her, der Mann, dessen Popularität, dessen Höhen und Tiefen in den folgenden Jahren ihr Leben bestimmen sollen: Dieter Thoma, Olympiasieger im Skispringen von 1994 und zweimalige Weltmeister im Skifliegen.

Als wir jetzt im Frühjahr 2001 miteinander telefonieren, hat Manuela Thoma zwei Kinder im Alter von fünf und eineinhalb Jahren und eine Ehe, die gescheitert ist.

Schon nach wenigen Minuten setzt meine Gesprächspartnerin so ziemlich alle gängigen Klischees vom angepaßten Prominentenweibchen im Handstreich außer Kraft. Klug und mit einer bemerkenswerten Fähigkeit zur Selbstanalyse und Selbstironie seziert sie punktgenau ihre Lage – zuerst am Telefon und wenige Tage darauf vor unseren Kameras und einem Publikum, das ihr gebannt zuhört. Auch heute, jenseits des Endes ihrer Ehe, spricht sie vom Anfang liebevoll: „Ich war bei einer Pressekonferenz, und mir gegenüber saß ein rothaariger junger Mann. Ich dachte erst, mein Gott, der ist vielleicht 16 Jahre alt, 1,67 Meter groß, was grinst der mich jetzt so unverschämt an...? Es ist nicht so, daß ich restlos unerfahren war damals, aber der hat das mit einem Grinsen geschafft. Das, wo andere viel Geld bezahlt haben und viel investiert in Schmuck und Blumen, das hat er mit einem Grinsen geschafft." „Die Folgen des fröhlichen Gesichtsausdrucks?" „Ein sechsstündiges Telefonat, und bald darauf sind wir dann auch zusammengezogen, im Schwarzwald. Ich habe eine Weile in Paris gelebt, dann in Miami, Madrid, Nürnberg und jetzt Hinterzarten..."

„Ein Leben als Begleiterscheinung?" „Ja, es gibt nur einen Häuptling im Dorf, und das war eben er, und das habe ich von vornherein gewußt. Ich habe von vornherein gewußt, worauf ich mich einlasse, daß er derjenige ist, um den sich alles dreht, und daß ich ihm den Rücken freihalte ... Am Anfang ist es ganz witzig, dann ist es weniger witzig, und nach einer Weile ist es beschissen. Also, ich kam immer ganz gut damit zurecht, daß es eben immer hieß: Ja, Frau Thoma, Sie sehen heute schlecht aus, ist ihr Mann schlecht gesprungen? Oder daß ich in der Schwangerschaft im siebten Monat mit Vorwehen zu einem Arzt kam, und es ging mir wirklich schlecht, und die erste Frage, die er mir stellte, war: Ja sagen Sie mal, was machen eigentlich Springer im Sommer? Ich meine, das hat man doch an meinem dicken Bauch gesehen, was die Springer im Sommer machen. – Also damit konnte ich umgehen. Es hat mich nur richtig ernsthaft zu stören begonnen, als mein Sohn nicht mehr ‚Niki' genannt wurde, sondern ‚da kommt der kleine Springer oder da kommt der kleine Dieter'..."

Wo lagen die Risiken und Fallstricke dieses Lebens an der Seite eines prominenten Spitzensportlers? „Man muß erkennen, daß es nicht der eigene Ruhm ist. Ich fand es immer ziemlich eigenartig, wenn mein Mann erfolgreich war, wurde ich beglückwünscht."

Je länger, desto mehr spürt Manuela Thoma, wie die Droge Ruhm ihren Mann verändert:

„Ich habe einen Menschen geliebt, der sehr berühmt war und immer berühmter wurde und der irgendwann um einen ganz anderen Orbit kreiste. Und irgendwann habe ich diese Sprünge nicht mehr mitmachen können ..."

Die andere Umlaufbahn beginnt Dieter Thoma einzuschlagen, als 1999 nach einem letzten großen Sieg und vielen Verletzungen seine Springerkarriere zu Ende geht. Eines will er jetzt offenbar nicht: im Schatten des Vergessens versinken. Nicht Hinterzarten mit Frau und Kindern, die große Tribüne zieht ihn weiter an. Zum Glück ist er als Co-Moderator von Skispringen ein gefragter Partner. Ansonsten werden Golfplätze, Empfänge, Prominentenparties zu seinen Ersatzsarenen. Und bald gibt es auch eine andere Frau.

Manuela Thoma: „Die Prioritäten haben sich für meinen Mann verschoben. Die Bodenhaftung ging verloren, und das feste Korsett des Sports fiel auf einmal weg. Es kam ein ganz neuer Umgang, neue Leute, viel Prominenz. Auf einmal war es nicht mehr ganz so toll, nach einem anstrengenden Tag nach Hause zu kommen und sich anzuhören, daß die Nudeln angebrannt sind oder daß das Fieber beim Kleinen weg war. Sondern dann war interessanter, daß der Norbert Hauck vorhin am Telefon war und ihn eingeladen hat nach sonst wohin ..."

Manuela Thoma ist inzwischen mit ihren Kindern von Hinterzarten weggezogen. Sie will wieder selbst berufstätig werden. Und berühmt? „Wenn mir jemand in Zukunft gratuliert, dann bitteschön zu meiner eigenen Leistung und nicht zu der meines Mannes."

Nicht alle Begleiter bemerkenswerter Karrieren bewahren ein solches Maß an kritischer Distanz zu dem, was mit ihnen und um sie herum geschieht wie Manuela Thoma. Andere bauen ganz entschieden auf die Nachhaltigkeit von Abstrahleffekten und gehen ganz bewußt ein Bündnis zur Status- und Karriereförderung ein. Dies sich selbst einzugestehen oder gar offen darüber zu reden, schafft allerdings kaum jemand.

Brigitte Seebacher-Brandt, die letzte Ehefrau von Willy Brandt, vom *Stern* mit dem Attribut „Schwerstabhängige von der Erotik der Macht" ausgestattet, läßt meine insistierenden Fragen in der Sendung „Verdirbt Macht den Charakter?" im März 2000 an einer Mauer aus Eis abprallen. Sie hatte in letzter Zeit durch ihre Liaison mit dem Aufsichtsratsvorsitzenden der Deutschen Bank von sich reden gemacht und ein bißchen als Leiterin der Deutsche-Bank-Kul-

turstiftung. Als ich den Namen Hilmar Kopper ins Feld führe, sinkt die gefühlte Temperatur im Raum spürbar ab. Zurückweisung. Schweigen. Keine Frage, mein Gast will Zusammenhänge zum Thema „Macht" nicht erkennen – auf jeden Fall aber nicht darüber sprechen. Nebensitzer Hans-Olaf Henkel, Präsident des Bundesverbands der deutschen Industrie, fühlt sich zum ritterlichen Eingriff pro Seebacher-Brandt aufgerufen. Und der Moderator erlebt eine jener seltenen Situationen, in denen er sein geliebtes Schloß Favorite am liebsten sofort durch den Hintereingang verlassen würde. Mein Entlastungsvorschlag: „Themawechsel". Auch er nützt so gut wie nichts. Die Atmosphäre der Sendung bleibt bis zum Ende der 90 Minuten nachhaltig verdorben. Die Zuschauer erfuhren kaum etwas. Und doch so viel.

Zum Zeitpunkt der Niederschrift dieser Zeilen hat die Deutsche Bank sich schon längst wieder von der Vorsitzenden ihrer Kulturstiftung getrennt. Doch die Liaison der bedeutendsten Witwe Deutschlands mit Hilmar Kopper scheint die Presseturbulenzen tatsächlich überstanden zu haben: „Brigitte Kopper-Seebacher-Brandt"? Nichts erscheint unmöglich.

Christa Müller ist schon verheiratet, seit Dezember 1993. Und durch diesen Akt hätte sie ihren an sich doch etwas unscheinbaren Namen deutlich aufwerten können. Denn der Mann, dem sie ihr Ja-Wort gab, hat einen wesentlich markanteren zu bieten als das schlichte „Müller": Lafontaine heißt er, Oskar Lafontaine sogar. Doch Christa Müller besteht auf Eigenständigkeit. Auch im Nachtcafé „Die Frau an seiner Seite" im Juni 1995 unterstreicht sie diese entschiedene Position, die nicht einmal einen Doppelnamen zuläßt. Sie ist Ökonomin. Lafontaine hat sie bei der Arbeit als Angestellte im SPD-Parteivorstand kennengelernt. Gleichrangigkeit, Gleichwertigkeit der beruflichen Ambitionen, auch nach der Trauung lautet ihr eheliches Credo.

Im Nachtcafé aber profiliert sie sich anders: als beste Anwältin ihres Gatten, des Mannes, an den sie glaubt und dem zu viele zu oft und völlig zu Unrecht Schlechtes unterstellten. Die zusätzlich empfangenen Ruhestandsbezüge als ehemaliger Saarbrücker Oberbürgermeister, die angeblichen Steuervergünstigen für eine Bar, die als „Rotlichtaffäre" pressenotorisch und nie endgültig aufgeklärt wurden, das alles enttarnt sie nun als schleimiges Konglomerat übler Nachreden: „Es waren aus meiner Sicht nur ungerechte Angriffe auf meinen Mann gestartet worden, es gab richtige Hetzkampagnen, die durch nichts untermauert waren. Das hat uns sehr belastet." Keine Frage, Christa Müller steht zu ihrem Ehemann. Und sie gibt ihm Kraft, konditioniert ihn spürbar für das, was da noch kommen sollte. „Oskars Hillary" wird sie von der ZEIT genannt.

Von der Ehefrau Margot des früheren FDP-Vorsitzenden Erich Mende wird der morgendliche Weckruf kolportiert: „Erich aufstehen, Karriere machen!" Vergleichbares ist aus dem Hause Lafontaine nicht bekannt. Aber was mag wohl der Inhalt der morgendlichen Gespräche zwischen den Eheleuten an jenem 16. November 1995 gewesen sein, als Oskar Lafontaine in einer Kampfabstimmung gegen Rudolf Scharping die Führung der Sozialdemokraten quasi im Handstreich zurückeroberte?

Was nach dem überfallartigen Sieg über Scharping noch ausstand, war alles andere als eine Kleinigkeit: die Auseinandersetzung mit Lafontaines intimstem Angst-Gegner Gerhard Schröder. Die weiteren Abläufe sind bekannt. Schwach dämmert noch die Erinnerung an zwei händchenhaltende Sozialdemokraten vor der Wahl 98, Bilddokumente angeblich wahrer Männerfreundschaft.

Doch zunächst wird Oskar Lafontaine nach der gewonnenen Wahl immerhin Bundesfinanzminister, und jetzt macht auch die andere Hälfte des Ehebündnisses verstärkt von sich reden. Volkswirtschaft, war das nicht auch ihr Thema? „Die blonde Eminenz" titelt eine Zeitung und fragt sich, ob die für den Minister maßgebliche Wirtschaftsweise wohl mit ihm unter einem Dach wohnt. Immer wieder äußert sich Christa Müller zu Fragen von nationalem Belang, so auch zur Politik der Bundesbank. Und der Bundeskanzler wird am Kabinettstisch augenzwinkernd gefragt: „Und was sagt eigentlich deine Frau zur Bundesbank?" –

Der Beiname „Schatten-Schatten-Kanzlerin" macht die Runde. Bereits wenige Wochen nach dem Start der neuen Regierung eskaliert der Machtkampf der roten Giganten. Welche Rolle die jeweiligen Gattinnen dabei gespielt haben, werden wir wohl nie erfahren. Am 11. März 1999 flüchtet Oskar Lafontaine – wie es heißt, ohne seinen Schreibtisch aufzuräumen, aus Berlin und aus allen seinen Ämtern. Und die Nation nimmt es ihm nachhaltig übel. Eineinhalb Jahre später, im September 2000, sitzt der Privatier von der Saar bei uns im Nachtcafé. Das Thema: „Selbstsüchtig, rücksichtslos, habgierig. – Sind wir ein Volk von Egoisten?"

„Wir haben beide, wir haben Wolfgang Schäuble und Oskar Lafontaine!" Nicht ohne Stolz hat die Nachtcafé-Redaktion das Ergebnis ihrer Sendungsrecherchen präsentiert. Schäuble und Lafontaine in einer Sendung, zwei, die aktuelle Brüche in ihrer politischen Biographie erlebt haben, das läßt hoffen.

Auch das telefonische Vorgespräch mit Wolfgang Schäuble läßt sich gut an. Grundsätzliches und Persönliches punktgenau zum Thema, ein spannender Gast. Nur noch eine kleine Anmerkung der guten Ordnung halber von mir am Ende des Telefonats: „Oskar Lafontaine wird auch teilnehmen." „So. Ja, dann muß ich leider ..." Die Absage kommt so spontan wie unumstößlich. Hatte ich einen Fehler gemacht oder fürchtet Schäuble vielleicht eine Begegnung nach dem Muster „Verlierer unter sich"?

Lafontaine kommt. Er ist sichtbar breiter geworden in seiner Hausmannsrolle. Die Aura der Macht, die ihn über Jahrzehnte umgab, scheint wie weggeblasen. Hinter der Fassade des politischen Routiniers spürt man Unsicherheit, Verletzlichkeit, Rechtfertigungszwang. Hatten doch selbst ehemalige Weggefährten viel Unschönes zu seinem Abgang vermerkt. Seine allzu häufige und heftige Kritik an der Schröder-Politik haben viele als politisches Nachtreten bewertet, schlechter Stil eines noch schlechteren Verlierers. Das hatte selbst Größen wie Günter Grass zu sprachlich eher Grobem herausgefordert: „Halts Maul und trink deinen Rotwein!" hat er ihm grollend anempfohlen.

Als Lafontaine das Nachtcafé-Studio betritt, spürt man es wieder: Deutschland hat ihm noch immer nicht verziehen. Sowohl die Zuschauer im Raum wie die Gäste in der Runde sitzen da und nehmen übel. Auch jetzt, 18 Monate danach, findet sich niemand, der diesem Abgang Verständnis entgegenbringt.

Oskar Lafontaine: „Es gibt auch eine Treue zu sich selbst. Das heißt zum Beispiel, ich bin nicht bereit, für eine Politik geradezustehen, die nicht meine ist. Außerdem bin ich jetzt in einer familiären Situation, habe ein Kind von dreieinhalb Jahren, auch noch einen Sohn von 18 Jahren, wo ich mich einfach um die Familie kümmern möchte ..."

Oskar der Familienmensch. Schwer zu glauben. Zu bemüht erscheinen in der Folgezeit seine Versuche, im aktiven politischen Geschäft wieder Fuß zu fassen. Als Buchautor, Kolumnist von „Bild", als Redner und Diskussionsteilnehmer sucht er weiter nach Gehör. In der eigenen Partei stößt er nur noch auf Taubheit. Der saarländische Genosse Jo Leinen unternahm den Versuch einer Begründung: „Wer als Papst geht, kann nicht als Laienpriester wiederkommen."

Wer so definitiv in den politischen Laienstand versetzt wurde, entdeckt andererseits auch neue Freiräume. Das spüre ich beim Termin für unser telefonisches Vorgespräch. Wir melden uns pünktlich, doch der Kandidat scheint nicht zu Hause zu sein. Erst Stunden später kommt es zum Kontakt. Unser Gast war im Wald beim Pilzesammeln und hatte sich ein wenig vertrödelt. Die Schwerpunkte im Haus Lafontaine/Müller scheinen sich etwas verlagert zu haben.

Berühmt fürs Berühmtsein

Eine neue Form der Prominenz

Früher, ganz früher, gab es mal die Behauptung, Prominenz hätte irgend etwas mit persönlicher Leistung, mit Erfolg oder doch zumindest mit Persönlichkeit zu tun. Zugegeben, manchmal war es auch nur die edle Abstammung, die für Strahlkraft bis ins siebte Glied sorgte, aber immerhin.

Heute müssen wir uns zunehmend mit einer neuen Form der Prominenz auseinandersetzen: der leistungsfreien Berühmtheit. Oder fassen wir es präziser: der Berühmtheit durch die ausschließliche Leistung effektiver medialer Präsenz und Verbreitung. Berühmt fürs Berühmtsein, spätestens seit Menschen für Fernsehzwecke in Container gesperrt wurden, wissen wir, wie so etwas funktioniert. Man könnte dieses Phänomen auch den „Zlatko-Effekt" nennen. Man erinnere sich: Zlatko, der menschliche Rohdiamant aus „Big Brother", der Anfang 2000 durch seine Unwissenheit in Sachen Shakespeare die Nation nachhaltig entzückte und mit dieser Bravourleistung die Titelseiten führender Gazetten erobern konnte. Erinnern Sie sich noch an Zlatko? Falls nein, auch dies wäre ein genuines Charakteristikum des „Zlatko-Effekts".

Manche Themen im Nachtcafé sind von der tiefen Sorge um unsere Gesellschaft geprägt. „Verblöden die Deutschen?" fragen wir zum Beispiel am 7. Juli 2000 vor dem Hintergrund neuer Medienhöchstleistungen auf der nach unten offenen Richter-Skala. Containerfernsehen und Stefan Raabs „TV total" haben neue geschmackliche Niederungen für den Bildschirm erschlossen, und in der Welt der VIP-Magazine und Illustrierten spielt sich zunehmend ein neuer Typ von Erfolgsfrau in den Vordergrund.

Ariane Sommer zählt zu dieser Gruppe, genauso wie Jenny Elvers, frühere Hausgenossin von Heiner Lauterbach, und die

Robert Stadlober, Zeit Kulturredakteurin Iris Radisch, Wieland Backes, Wigald Boning, Dietrich Schwanitz und Partygirl Ariane Sommer

Damen Verona Feldbusch und Nadja Abd el Farrag: die Berühmtheiten von Dieter Bohlens Gnaden. Mit Freude am Stabreim kreiert der Boulevard die neue Gattung „Luder-Liga".

Wann immer Namen dieser Kategorie auf der Gästeliste des Nachtcafés auftauchen, reagieren einige unserer Zuschauer mit Empörung. Sie wünschen sich Niveau. Zu Recht. Auch Sylvia Storz, die qualitätsbewußte Leiterin der Nachtcafé-Redaktion, wehrt sich lange standhaft gegen Kandidatinnen dieses Zuschnitts. Doch der Zeitgeist fordert seinen Tribut. Und zuweilen ist das Resultat von überraschendem Erkenntniswert.

Ariane Sommer, das spüre ich bereits beim ersten vis-à-vis vor der kurzen Besprechung im Hotel, ist einer jener Gäste, bei denen der Moderator auf jene Qualitäten zurückgreifen sollte, die ihm vom Publikum immer wieder attestiert werden: Langmut und stoische Ruhe. Ariane ist die Tochter eines deutschen Diplomaten und die Nichte des *ZEIT*-Mitherausgebers Theo Sommer, wofür

Letzterer nicht verantwortlich gemacht werden sollte. Sie hat die Welt gesehen und Salem, das Elite-Internat. Sie geht nach Berlin, um Politik zu studieren, doch anstelle von Scheinen sammelt sie Punkte als Party-Girl und gilt bald als die berühmteste ihrer Zunft in der Hauptstadt. Bevor sie bei uns zu Gast ist, verzeichnen die Medien, abgesehen von kleinen Nebenrollen und gescheiterten Moderationsversuchen, ein Bad in einer Wanne voller Mousse au chocolat als ihre bemerkensweteste Großtat. Sie versteht eine Menge von „Networking", sagt sie, vom Kontakteknüpfen.

Im Kontakt mit mir wirkt sie wie der Gummimotor eines Modellflugzeugs, der aus Versehen ein paar Windungen zu viel aufgezogen wurde: Hyperaktiv bemüht, endlich das richtige Bild von sich zu vermitteln. Ich habe das Gefühl, irgend jemand hat ihr heimlich die angeblich ultimative Gebrauchsanweisung fürs Leben zugesteckt, und sie weiß noch nicht, daß es vielleicht doch die falsche war.

Als sie im Nachtcafé sitzt, so entschieden blondiert wie dekolletiert, ist sie 23 Jahre alt, und sie hat ein Gegenüber, das in diesem Augenblick weniger an Networking denkt als an Konfrontation: Robert Stadlober ist erst 17. Mit seiner Darstellung eines halbseitig gelähmten Schulversagers in „Crazy" hat er gerade die Filmkritik und das Publikum für sich erobert. Schon mit 15 ist er von zu Hause ausgezogen, und mit 16 hat er die Schule hingeschmissen, um konsequent „sein Ding" zu verfolgen, Musik und Schauspielerei. Ein Blondschopf auch er, ein bißchen zerknittert wie aus dem Wäschekorb gezogen, aber einer, für den man schwärmen kann, nicht nur als Teenager. Wie Ariane Sommer lebt Robert in Berlin. Zwei aus derselben Stadt und doch von verschiedenen Galaxien. Und so prallen sie im Nachtcafé aufeinander.

Akzeptiert sie den Titel „Party-Girl"? „Sie wissen, die Boulevard-Presse braucht immer Schlagwörter. Ich wurde mal gefragt, welcher Generation ich mich zurechnen würde, und da fiel mir einfach ganz spontan ein ‚Generation be yourself'. Ich habe mir immer gesagt, bleib dir selbst treu, mach was aus deinen Talenten, schau, wie du vorankommst und möglichst so, daß du selbst glücklich wirst... Mein Ziel ist es definitiv, in der Medienwelt Karriere zu machen. Das Berühmtsein gehört dazu, ist Mittel zum Zweck, aber das ist nicht das Endziel..." Stadlober: „Ja, aber, was hast du denn bis jetzt eigentlich gemacht? Ich kenn' dich nur aus der Bildzeitung und aus dem 90 Grad. Das ist so eine Disco, da gehen die Kids aus dem Grunewald hin, ‚Rich-Kids', ‚Rolex-Träger'. Was hast du denn gemacht, außer im 90 Grad zu sein?" – „Als Model habe ich Werbespots gemacht und dadurch einige kleinere, wohlbemerkt keine großen Rollen bekommen, wie in der ‚Kasachstanlady'. Eine kleine, aber tragende Rolle, da konnte ich unter Beweis stellen, daß zumindest Potential in mir steckt. Und gestern wurde jetzt Richtung Moderation ein Pilot gedreht, das ist auch sehr schön geworden..." „Aber ist das nicht völlig unbefriedigend, daß man berühmt ist, wenn man irgendwie... Ich habe das Gefühl, daß du einfach alles machst, was halt so reinkommt!" – „Warum auch nicht? Warum auch nicht?" – „Weil man auch irgendwo einen Anspruch hat. Ich bin echt verletzt in meiner Künstlerehre! Ich mache Sachen, die ich vom Bauch her cool finde, und ich würde mich nie in eine Wanne voller Mousse au chocolat setzen..." Applaus und Gelächter des Publikums gewinnen an Dynamik, gleichermaßen der Disput: „Aber woher willst du wissen, ob ich das nicht cool finde?" – „Ja, wahrscheinlich findest du es cool. Ich habe aber einfach das Gefühl, daß du alles machst, womit du irgendeine Karriere hinkriegen kannst im Showbusiness. Also, scheiß doch auf Showbusiness! Ich mache das, worauf ich Lust habe, und wenn ich damit berühmt werde, werde ich berühmt. Ich will schöne Filme machen, aber ich habe echt keinen Bock, berühmt zu werden. Das ist mir eigentlich hammerscheißegal!" Robert hat das Publikum und die Werte auf seiner Seite – und Wirkung einer kraftvollen Sprache.

Ariane Sommer hat auch in den Monaten danach ihre Gebrauchsanweisung fürs Leben offenbar nicht durch eine neue ersetzt. Eine Frau, so scheint es, geht „ihren Weg". Im Berliner Max-Magazin füllt sie noch Spalten mit Gesellschaftsklatsch, aber der Nachrichtensender n-tv, der ihr kurzzeitig die Moderation eines Lifestyle-Magazin überließ, hat sich, wohl zur Vermeidung von Flur- und Rufschaden, schon nach wenigen Monaten wieder von ihr getrennt. Ein Auftritt in Gottschalks „Wetten, dass..?" Seit an Seit mit Kollegin Jenny Elvers erfreut weder den Gastgeber noch das Publikum. Ein Szenemagazin wählt sie zur „peinlichsten Berlinerin".

„Wenn Alice Schwarzer nicht gewesen wäre", sagt Ariane Sommer einem Journalisten, „dann könnten Frauen wie ich und Verona Feldbusch nicht das machen, was sie heute machen." Auch Revolutionäre überblicken nicht alle Folgen ihrer Tat.

Nach unserer Sendung hatte Robert noch einmal im ganz privaten Gespräch mit Ariane beim Wein zu weiterer ethisch-moralischer Überzeugungsarbeit angesetzt. Im Januar 2002 – er wurde inzwischen mit der Nachwuchstrophäe des Bayerischen Filmpreises und mit dem Titel „Bester Hauptdarsteller" in „Engel & Joe" beim Montreal-Filmfestival ausgezeichnet – erreicht uns eine Pressemeldung, die unter diesem Aspekt eher auf Resignation hindeutet: Robert Stadlober ist von Berlin nach Hamburg gezogen. „Ich habe in letzter Zeit die Nase voll. Die Stadt hat sich in den vergangenen drei Jahren sehr unangenehm entwickelt. Da sind auf einmal Leute wichtig geworden, die ich für Vollidioten halte."

Ein spezifisches Merkmal der Luder-Kaste ist es, daß sich die meisten Luder nicht als Luder sehen und wenn doch, dann wenigstens als ganz besonderes Luder, als „intelligentes Luder" zum Beispiel, worauf Ariane Sommer in Abgrenzung zur Konkurrenz besonderen Wert legt. In der Regel kann man davon ausgehen, daß ein Luder dem anderen nicht grün ist. Gegenseitiges Ignorieren gilt als Grundelement der Marktbehauptung. So war zu erwarten, daß auch das für Dezember 2001 in „Wetten, dass..?" geplante „Luder-Gipfeltreffen" scheitern mußte. Nadja Abd el Farrag, durch die Kurzzeitaffäre mit Ralph Siegel gerade auf Platz eins im liga-internen Ranking, ist nicht erschienen. Jenny Elvers aber, um die es nach der Geburt ihres Kindes beunruhigend ruhig geworden ist, läßt sich die Chance, jetzt vor 15 Millionen Zuschauern zu sitzen, ebenso wenig wie Ariane Sommer entgehen. Und ihre Botschaften? Selten sieht man Thomas Gottschalk an, was er gerade denkt. Doch an diesem Abend kann selbst er es nicht verbergen: Warum haben wir die Zwei bloß eingeladen?

Auch im Nachtcafé war Jenny Elvers zu Gast – ein paar Monate zuvor und natürlich entgegen schwerer Bedenken der Redaktionsleiterin. Das Thema lautet: „Kinder nach Maß?" Frau Elvers ist gerade auf dem Weg zur Mutterschaft, und wir hoffen auf einen entsprechend kundigen Beitrag zur Diskussion.

Erinnern kann ich mich allerdings, auch bei angestrengtestem Nachdenken nur an eine einzige, auf ihre Art aber sehr erhellende Äußerung. Die Öffentlichkeit hatte bemerkenswert früh von ihrer Schwangerschaft Kunde erhalten. Zurückgerechnet muß es wohl nur wenige Tage nach der Zeugung gewesen sein. Jetzt erfahren wir aus dem Munde der Betroffenen die wahren Gründe. Nicht sie selbst war die Informantin der Presse, wie leichtfertig unterstellt. Das Labor ihres Frauenarztes hat das Ergebnis des Schwangerschaftstests verbotener- und perfiderweise der Boulevardpresse zugespielt, sagt sie. Die großlettrigen Aufmacher der Boulevardpresse in diesem Zusammenhang kommen mir wieder in den Sinn, und ich denke: Welch böse Welt!

Wenige Monate später ist Nadja Abd el Farrag bei uns zu Gast, die Halbsudanesin, 36 Jahre alt, noch immer strahlend, aber seit acht Monaten nicht mehr der gute Geist im Haushalt Bohlen. Wir haben sie zum Thema „Frauenkarrieren" eingeladen – dieses Mal ohne Bedenken der Redaktionsleiterin. Allein schon die Fülle des Pressematerials über „Naddel" ist so erdrückend und ordnerfüllend (und das nicht nur wegen der vielen großgedruckten Buchstaben), daß ihre Prominenz über jeden

Zweifel erhaben sein muß. In der Redaktion stehen nach Bekanntgabe ihrer Teilnahme an unserer Sendung die Telefone nicht mehr still. Alle wollen Naddel interviewen, ablichten oder zumindest betrachten. Am Sendetag setzt die örtliche Zeitung ein Foto mit Naddel im Nachtcafé gar auf Seite eins. In Farbe.

    Warum nur, so könnte man grübeln, zieht eine zugegeben gut aussehende Mitdreißigerin ohne besondere Lebensleistung so viel Aufmerksamkeit auf sich? Die Rolle als jahrelange Gespielin und Hausdame bei einem schillernden Popstar kann es allein nicht sein. Gescheiterte Moderationsversuche im Privatfernsehen? Auch das sorgt kaum für nachhaltige Aufmerksamkeit. Wie kam es nach ihrem endgültigen Auszug bei Dieter Bohlen eigentlich so rasch zu dieser Blitz-Affäre mit Schlagerkomponist Ralph Siegel?

    Der Schlüssel zum tieferen Verständnis begegnet uns zuerst in einer Reihe schwieriger Telefonate, dann am Aufzeichnungstag leibhaftig. Er hieß früher mal Gerd Christian, aber dann hat er den Weg der Namensaufwertung durch adlige Adoption beschritten. Jetzt nennt er sich Graf Gerd Bernadotte, strotzt geradezu vor Wichtigkeit und ist Nadjas Manager und Medienberater. Presseberichte erzählen von seiner Vergangenheit mehr Schillerndes als Gutes, von Schulden und Gefängnishaft. Am Ende ihrer Bohlen-Ära hat er Naddel unter die Fittiche genommen und ihr – wie er es nennt – „ein Medienpaket geschnürt". Und nach einer Reihe eher bangloser Promotionsauftritte findet sich plötzlich auch Altmeister Ralph Siegel im Paket wieder.

Die (angebliche) Liebesaffäre mit dem Schlagerkomponisten füllt über viele Tage die Titelseiten der Boulevardpresse. Eine Geschichte, die sich so liest, als hätten „Bild" und „Bunte" gleich gemeinsam Regie geführt. Natürlich unter der künstlerischen Oberleitung des Grafen Bernadotte. Innerhalb von 14 Tagen erstreckt sich der Spannungsbogen der Love-Story von konstatierten „Schmetterlingen im Bauch" (Siegel), über sechs Zusammentreffen der Agierenden, Presseäußerungen zu Heirat und ersehnter Vaterschaft (Siegel), Übersendung eines diamantbesetzten Herzens (Siegel), bis zur abrupten Beendigung der Beziehung via SMS-Kurzmitteilung und der Rücksendung des diamantbesetzten Herzens (Abd el Farrag).

Naddels Graf sagt: „Für die Zeitungen sind wir zur Zeit wichtiger als Bin Laden." Auch wichtig und in diesem Zusammenhang zu erwähnen: Die wundersame Gleichzeitigkeit der medienwirksamen Siegel-Affäre mit dem Erscheinen des Buches „Naddel kocht". Stichwort „Medienpaket".

In der Aufzeichnung sitzt sie neben mir. Und Manager Bernadotte ist für die nächsten 90 Minuten immerhin etwa zehn bis zwölf Meter Luftlinie von ihr getrennt. Er hat sich vor dem Monitor im Nebenraum postiert und macht der Redaktion das Leben schwer: Am liebsten hätte er wohl nicht nur meine Fragen, sondern auch gleich die Antworten darauf selbst formuliert. Unter dem Druck seiner Hektik hält die amtierende Chefin vom Dienst immer neue Schilder mit für mich völlig unverständlichen Aufforderungen und Stichworten in meine Blickachse. Dieses fragen, jenes fragen. Ich rette mich durch Ignorieren.

Soviel Aufmerksamkeit Nadja Abd el Farrag auch auf sich zieht – die Vorurteile sind groß, die ihr so oder so von allen Seiten im Raum entgegenbranden. Allerdings nur für kurze Zeit. Dann wird spürbar: Hier spricht eine überraschend warmherzige Person und eine entwaffnend ehrliche Haut. „Sie sind die mit Abstand Berühmteste hier im Raum", stelle ich fest, „welchem Umstand, glauben Sie, verdanken Sie das?" Das Entwaffnende: Nadja Abd el Farrag baut keine Legenden um ihre Person auf. Das Interesse der Medien begann, als sie ihre Liebe zu und ihr Leiden an Dieter Bohlen nach Jahren des Schweigens zum ersten

Mal zu Protokoll gegeben hatte. Mit ihren Auftritten als Moderatorin und Schauspielerin hätte sie wirklich nicht viel zustande gebracht, sagt sie. Aber seit sie eine öffentliche Figur ist, interessiert sich die Presse eben für jeden Mann, mit dem sie auch nur einen Cappuccino trinkt. Opfer Naddel? Ganz soweit sollte die Interpretation vielleicht nicht gehen. Aber rundum vergnügungssteuerpflichtig ist dieses Leben sicher nicht. Da sei Graf Bernadotte davor. – Ich frage sie, was eigentlich ihr Beruf sei: „Hab' ich neulich auch überlegt. Ich würde mal sagen, mein Beruf ist Naddel." – Eine Lebensstellung?

Nicht nur die Prominenten...
Die namhafte Rolle der Namenlosen

Die Qualität der Themen im Nachtcafé lebt in erster Linie vom journalistischen Einfallsreichtum und vom Engagement unserer Redaktionsteams. Viele Zuschauer glauben zwar, der Moderator würde mehr oder minder alles selbst regeln, das Thema, die Gäste, ja bis hin zur Einladung des Publikums vor Ort und zur Rolle des Platzanweisers. Weit gefehlt! Versierte, ideenreiche und gut eingespielte Teams leisten hinter den Kulissen oft wahre Kärrnerarbeit. Sie sind die Säulen des Erfolgs, der dann ungerechterweise in erster Linie wieder dem Frontmann auf dem Bildschirm gutgeschrieben wird. Höhere Gerechtigkeit: Auch im Falle des Mißerfolgs haftet der Moderator mit dem eigenen Gesicht.

Über mangelnde Identifikation der Redaktion mit ihrem Produkt konnte ich mich in all den Jahren noch nie beklagen. Wenn ich auf meinem Moderationsplatz sitze, stehen die jeweiligen Teammitglieder meistens gegenüber an der Bar: Seismographen, Stimmungsbarometer, mitleidend, mithoffend, mitbangend...

Für die Sendung am 15. März 2002 steht eigentlich ein Thema über die Lebenssituation der älteren Generation auf dem Plan. Doch als die Redaktion zur ersten Besprechung ins Büro strömt, wird mir gleich ein aktueller Presseartikel gereicht: „Der Provokateur" lese ich über dem Konterfei eines Mannes, der mir kein Unbekannter ist: Professor Meinhard Miegel, Direktor des privaten Instituts für Wirtschaft und Gesellschaft in Bonn. Er ist Jurist und Soziologe. Für Sachsens Ministerpräsident Kurt Biedenkopf ist er so etwas wie der wissenschaftliche Hausideologe, für andere besitzt er vor allem als Feindbild Qualitäten. Einen „neoliberalen Konservativen" könnte man ihn vielleicht nennen. Jetzt hat er wieder mal ein Buch geschrieben, das den Sozialstaat am Ende sieht, ein Buch von dem er hofft, daß es die Nation erschreckt. Die Deutschen, sagt er, lebten in einer Wohlstandsillusion. Nichts wird so bleiben, wie es war. Jeder ist für sich selbst verantwortlich. Die Lage war noch nie so ernst. – „Das ist unser Thema, und Miegel ist unser Mann!" Die Redaktion ist sich ihrer Sache sicher. Sofort wird der Professor, der mit seinen aufrüttelnden Thesen das Herzstück der Sendung bilden soll, kontaktiert, und, nachdem er sein Interesse bekundet, vertraglich dingfest gemacht. Der erste Schritt für ein aktuelles und hoffentlich spannendes Nachtcafé ist getan. „Arbeit, Rente, soziales Netz – Läßt uns der Staat im Stich?" So wird das Thema lauten. Wie es zur typischen Handschrift unserer Sendung gehört, sollen unter anderen auch Nichtprominente in der Runde sitzen, Menschen, die täglich leibhaftig erleben, was die Wissenschaft am Grünen Tisch an Befunden konstatiert: ein Unternehmer, ein Langzeitarbeitsloser, eine alleinerziehende Mutter, eine Dame der Gesellschaft, die sich um Obdachlose kümmert. – Professor Miegel kennt das Nachtcafé, und das Vorgespräch am Telefon läßt Spannendes erwarten.

Ute Kumpf von der SPD ist als eine seiner Gegenspielerinnen geplant und Bascha Mika, die Chefredakteurin der TAZ. Für Bascha Mika haben des Professors neoliberale Brachialthesen höchsten Erregungswert. Einer ihrer Sätze im Vorgespräch erscheint mir im Nachhinein wie ein Menetekel: „Hier stellt sich auch die Frage nach dem Menschenbild. Was wissen eigentlich die, die solche Thesen aufstellen, noch vom realen Leben und von den wirklichen Nöten der Menschen?"

24 Stunden bis zur Aufzeichnung. Alle Gäste sind unter Vertrag, die Moderation ist fertiggeschrieben und ausgedruckt, die Anreisen sind gesichert, die Produktion steht. Da geht ein Fax in der Redaktion ein, eines von Meinhard Miegel: „Sehr geehrter Herr Backes, vielen Dank für die Übersendung der Gästeliste. Nachdem ich mir angesehen habe, wer meine Mitdiskutanten sein sollen, bin ich zu dem Ergebnis gelangt, daß man diesen Personenkreis möglichst unter sich diskutieren lassen sollte, gewissermaßen ein Gespräch unter Betroffenen. Das dürfte für die Zuschauer am erhellendsten sein. Meine Anwesenheit würde nur stören. Vielleicht ergibt sich ja einmal die Gelegenheit, in einer etwas anderen Form über brennende Probleme unserer Gesell-

schaft zu debattieren. Für dieses Mal verzichte ich jedenfalls auf meine Teilnahme..." Ein Absageschreiben, das auch als trefflliches Selbstportrait gelesen werden kann.

„Was wissen eigentlich die, die solche Thesen aufstellen, noch vom realen Leben..." Das Nachtcafé wird jedenfalls nicht aufhören, sich dafür zu interessieren, und wir wissen uns in dieser Überzeugung in bester Gesellschaft mit unseren Zuschauern. Wie viele unvergeßliche Begegnungen haben sie uns beschert, die Menschen, die keine Prominenz, aber ihre Persönlichkeit und ihr Leben in unsere Sendung mitbrachten.

Das Inferno, das Miegels Zumutung einer Absage in der Redaktion auslöst, ist leicht auszumalen. Auch das Rechtsempfinden des abgängigen Provokateurs scheint nicht gerade dem einer Goldwaage zu gleichen: Daß er in einem förmlichen Vertragsverhältnis mit uns steht, ist dem studierten Juristen nicht einmal eine Erwähnung wert. In einer konzertierten Feuerwehraktion rund um die Uhr gelingt es der Redaktion dann wenige Stunden vor der Aufzeichnung doch noch, einen kompetenten Wirtschaftswissenschaftler aufzutreiben, der die Begegnung mit real existierenden Menschen für zumutbar hält.

Professor Wolfgang Gerke, hochkarätiger Finanz- und Wirtschaftswissenschaftler an der Universität Nürnberg-Erlangen, rettet ohne erkennbare Leidenszustände den Abend.

Was aber unsere Zuschauer bewegt, was bei ihnen Gefühle der Zustimmung und Identifikation, der Abgrenzung bis hin zur geharnischten Ablehnung auslöst, das sind auch in diesem Nachtcafé wieder einmal die Aussagen der Menschen, die aufgrund ihrer persönlichen Lebensgeschichte in der Runde sitzen. Nebenbei bemerkt: Diese Sendung ist auch unter dem Aspekt der Einschaltquote ein überdurchschnittlicher Erfolg geworden. Meinhard Miegel wurde offenbar nicht vermißt.

Für unser Publikum sind die weniger prominenten, die „Nonames", wie sie im Redaktionsjargon heißen, nicht selten die eigentlichen Stars. Oft sprechen sie zum ersten Mal vor einer Kamera. Sie bringen keine Medienerfahrung mit und keine routinierte Eloquenz. Dafür etwas anderes: sich selbst. Und im günstigen Fall erleben wir sie authentisch und unverbogen.

Fast endlos lang erscheint mir inzwischen die Liste der unbekannten Nachtcafé-Gäste, die die Zuschauer, die Redaktion sowie den Moderator oft gleichermaßen begeistern, bewegen, entsetzen oder auch nur geärgert haben.

Horst Esser zum Beispiel ist ein militanter Autogegner aus München, der mit einem Fußmarsch über die Dächer falschparkender Personenkraftwagen die Justiz herausforderte und der zu unserer Sendung nicht nur mit seinem eigenen Velo anreist, sondern auch mit einem optisch höchst unvorteilhaften Nasenverband, Folgen einer Verletzung, die er sich bei Handgreiflichkeiten mit einem Autobesitzer wenige Tage zuvor zugezogen hat.

Oder Birgit Zamulo, die in der Sendung „Heiraten? Niemals!" als lebende Antithese eingeplant ist: Sie zählt zwar erst wenig mehr als 30 Jahre, hat aber bereits die Kleinigkeit von sieben Ehen hinter sich. Trotzdem erklärt sie mit glänzenden Augen und sehnsüchtiger Stimme: „Weitere Heirat nicht ausgeschlossen!"

Ulf Mann aus Berlin ist einer der Haupterben aus dem Verkaufserlös des Pharmaunternehmens, das so heißt wie er. Aber so sieht er nicht aus, in seinem abgetragenen olivfarbenen Arbeitsanzug aus alten Bundeswehrbeständen. Er hat sich unsere Sendung gründlich angeschaut, bevor er bereit ist, seine Geschichte im Nachtcafé „Erben zwischen Last und Lust" zum ersten und bislang einzigen Mal öffentlich zu erzählen. 50 Millionen Mark hat er geerbt, das hätte für mehr als ein sorgenfreies Leben ausgereicht. Doch der Sohn des verstorbenen Unternehmers steckt sein gesamtes Geld in eine Stiftung für die dritte Welt. Er selbst arbeitet bis heute als einfacher Angestellter in einer Berliner Apotheke. Zum Leben reicht ihm sein Salär und eine bescheidene Zwei-Zimmer-Wohnung.

Günther Rogausch ist ein Veganer, ein Mensch, der nicht nur tierische Nahrung, sondern darüber hinaus auch jegliche Verwertung und Verwendung tierischer Produkte strikt ablehnt. Als er die Möbel der Nachtcafé-Runde sieht, haben wir plötzlich ein Problem: Leder! Auf so einem Mobiliar wird er nicht Platz nehmen. Vor den Augen des schon plazierten Publikums bricht Hektik aus: Der Sessel des Anstoßes wird entfernt und ein gestalterisch wenig vorteilhafter Ersatzstuhl ohne Tierhaut, dafür mit Kunststoffgeflecht, als politisch korrekter Veganersitz ins Bild gerückt. Der Kämpfer für die Tierwelt findet die Sprache wieder. Die Sendung ist gerettet.

Auch der Besuch des Mannheimer Chefs der „Black Bones" hat sich tief in mein Gedächtnis eingegraben. Der Oberste der „Schwarzen Knochen" muß nicht lange erklären, daß er der Präsident einer Rocker-Vereinigung ist. Er verkörpert sein Amt schon auf den ersten Blick auch ohne Kommentar. Auf unseren Wunsch hat er gleich ein halbes Dutzend seiner Leute mitgebracht, in vollem Ornat, mitsamt ihrer schweren schwarzen Maschinen. Ein bißchen Angst verbreiten sie zunächst schon, diese abgründig dunklen Gestalten mit ihren verwegenen schwarzen Kopftüchern. „Easy Rider" in der Hardcore-Fassung. – Zum Sendungsbeginn donnern sie in geschlossener Formation den Schloßweg hinauf. Das Thema „Männerbünde" steht auf der Tagesordnung, und damals, im Mai 1990, ist Hermann Schaufler gerade der Wirtschaftsminister von Baden-Württemberg, in seiner Studentenzeit aktives Mitglied einer sowohl farbentragenden wie schlagenden Verbindung. Und deswegen ist er da. Am Rande dreht er gleich mal ein paar Runden auf dem Sozius der „Bones" und demonstriert damit, daß er auch zu diesem Milieu keine Berührungsängste besitzt. In der Sendung wird

Wo Männer noch Männer sind ...

er dann von der anwesenden Männerbünde-Expertin notorisch als „Herr Schaufele" angesprochen. Schwaben heißen doch so? – Und der Rockerpräsident, dessen bärig-archaische Männlichkeit selbst im feministischen Lager spürbar Eindruck hinterläßt, muß sich von der akribischen Wissenschaftlerin ausgiebig nach den Männer-Ritualen in seiner Gruppe befragen lassen. Selbst die Tischgebräuche interessieren. Die Antwort muß die Forscherin enttäuschen: „Wir essen auch von richtigen Tellern und mit richtigem Besteck."

Beim anschließenden Ausklang im Lokal stellen die „Bones" ihre Behauptung überzeugend unter Beweis. Und hinter dem martialischen Äußeren erscheint mehr und mehr ihr liebenswerter Kern ...

Nikolai Makarow ist Russe, Bartträger und ein ernstzunehmender bildender Künstler mit Hauptwohnsitz Berlin. Hauptsächlich arbeitet er mit Acrylfarben. Verschwommenes, Schemenhaftes ist zu sehen. Bilder von eigentümlichem Reiz. Eine Ausstellung in New York steht demnächst vor der Tür.

So respektabel das ist: Es hat ihm nicht den Platz an der Nachtcafé-Bar eingetragen. Den entscheidenden Grund dafür zieht er jetzt aus seiner Jackentasche: Eine hölzerne Babuschka-Puppe, das wohlbekannte Rußland-Souvenir, mit üblicherweise weiteren immer kleiner werdenden Babuschkas im hohlen Bauch. Als er sie aufschraubt, geht ein entsetztes Raunen durch den Raum: In der Puppe steckt ein lebendes Insekt. Eine Kakerlake, mindestens sieben Zentimeter lang.

Der russische Künstler Nikolai Makarow pflegt, wie er sagt, eine alte Emigrantentradition. Er züchtet Totenkopf-Kakerlaken, die sind deutlich größer und schöner als die gemeinen Küchenschaben und viel geeigneter für das, wofür er sie braucht: für den Rennsport.

Das Tier, das mitreisen durfte, ist einer seiner Leistungsträger: „Ivan der Schreckliche". Beim letzten Rennen, das vor unserer Sendung stattfand, war er allerdings nicht am Start. Das war am 8. März, ein reines Damenrennen zum internationalen Frauentag.

Aus den wachen Augen des Russen blitzt der Schalk. Wir haben uns Archivaufnahmen besorgt, und tatsächlich sehen jetzt die Zuschauer in einer einsehbaren Kiste auf abgesteckten Bahnen eine handvoll Riesenkakerlaken um die Wette rennen, gesäumt von Bandenwerbung und umringt von johlenden Fan-

Gemeinden. „Die Tiere reagieren auf Fans", sagt der Rennstallbesitzer. „Wenn die Leute rufen ‚Ivan, Ivan, Ivan' dann läuft der Ivan. Sie sind sehr stimmungsabhängig."

Auch von der Ernährung, eine eigene Köchin sorgt angeblich dafür: Fisch, Fleisch, Gemüse, Müsli...

Zwischenfälle? „Also, einen schlimmen Fall gab es. Das war aber durch den ganzen Rummel in den Medien. Nach einem spannenden Rennen hat die FAZ am nächsten Tag einen Riesenartikel gebracht: ‚Olgas Sieg und Pamirs Niederlage'. Das waren immer die beiden Konkurrenten, er, der ewige Zweite. In der Nacht danach, da hat er sie dann leider abgemurkst, einfach aufgefressen. Olgas Fan-Gemeinde war entsetzt und wollte Pamir lynchen. Aber seine Anhänger haben für ihn gebürgt. Er war für drei Rennen gesperrt, und jetzt läuft er wieder..."

„Wie finden sie eigentlich solche Gäste?" – Diese Frage ist eine der am häufigsten gestellten. Pauschal ist sie allerdings nicht zu beantworten, denn viele Wege und nicht weniger viele Zufälle führen zum erhofften Sendungsglück und auf die Fährte der Menschen, die, wenn man so will, den vielleicht entscheidenden Teil des „Betriebskapitals" in einer Sendung ausmachen. Pressearchive, Internet, Multiplikatoren, Tipps von den Zuschauern und aus dem Bekanntenkreis, kaum eine Quelle bleibt ungenutzt bei der redaktionellen Rasterfahndung nach dem optimalen Gast. Der Einsatz lohnt sich. Zum Beispiel auch im folgenden Fall.

Gerhard Schröder ist etwa das Gegenteil eines Namenlosen. Sein Bekanntheitsgrad liegt nahe an 100 Prozent. Aber wer kennt des Kanzlers Mutter?

Im April 2000 planen wir ein Nachtcafé zum Thema „Vatertöchter – Muttersöhne". Natürlich kommen der Redaktion rasch die üblichen Verdächtigen in den Sinn, Rudolph Moshammer zum Beispiel, der Medienvirtuose und Modeschöpfer aus München. Gibt es noch andere berühmte Muttersöhne?

„Gerhard Schröder vielleicht? Seine Mutter könnte man einladen. Was weiß man über sie? Die muß doch schon sehr alt sein..." Die Recherche nach einer Frau beginnt, die vom Medienrummel um ihren Sohn bis jetzt offenbar wenig tangiert wurde.

Vielleicht hält sie sich bewußt zurück. „Die kommt ja doch nicht", ertönt es aus einer massiven Fraktion redaktioneller Skeptiker.

Um es vorwegzunehmen: Sie kam! Aber kein Kanzleramt und keine Agentur bahnt uns den Weg zu ihr, sondern ein vertrauensstiftender Kontakt über ihre Kinder aus zweiter Ehe.

Erika Vosseler, Gerhard Schröders Mutter, ist zu diesem Zeitpunkt 86 Jahre alt, und sie hat ein Leben hinter sich, das vor allem zwei Dinge für sie bereit hielt: Sorge und Arbeit. Fritz Schröder hieß ihr erster Mann, der im Krieg umkommt, als Gerd gerade mal ein halbes Jahr alt ist. Die Witwe heiratet wieder, bekommt zu den vorhandenen zwei noch drei weitere Kinder. Doch auch der zweite Mann bleibt ihr nicht lange erhalten. Paul Vosseler stirbt an Tuberkulose, als die jüngste Tochter zwei Jahre alt ist. Ihre Kinder durchzubringen, ist jetzt Erika Vosselers erstes Ziel. Schonung für sich selbst kennt sie kaum. Jahrzehntelang verdient sie den Großteil des Familienunterhalts als Haushaltshilfe und Putzfrau. Daß sie jemals ein Interview vor Fernsehkameras geben würde, ist ihr in ihrem langen Leben bis vor kurzem wohl nie in den Sinn gekommen.

„Entschuldigen Sie bitte, aber ich muß erst mal mein Hörgerät herausnehmen, das stört beim Telefonieren." Wir sind zum Vorgespräch verabredet, und schon nach wenigen Sätzen weiß ich: Auf diesen Gast freue ich mich ganz besonders.

Es sollte in der Tat eines der bezauberndsten Gespräche im Nachtcafé werden. Erika Vosseler demonstriert, daß Schlagfertigkeit keine Frage des Alters ist. Diese 86jährige Frau hat Charme und im wahrsten Sinne „Mutterwitz". Sohn Lothar aus zweiter Ehe begleitet sie, der Mann, der dem anverwandten Kanzler kurz zuvor die unbehagliche Schlagzeile beschert hatte: „Schröders Bruder arbeitslos".

Der Muttersohn strahlt in Siegerpose von einem Plakat hinter der bürgerlichen Sitzecke, die wir im Nachtcafé für unseren Gast eingerichtet haben. Keine Frage, Erika Vosseler ist außerordentlich stolz auf ihren Sohn: Daß er es bis zum Rechtsanwalt geschafft hatte, das war ja auch schon eine Leistung. Aber Kanzler, das hätte sie wirklich nie gedacht. Der „Gerd", wie ihn Mama nennt, war wohl schon von klein auf ein richtiges Bündel an Energie und Willenskraft. Und ehrgeizig? „Ehrgeizig war er sehr. Er wollte immer etwas Besseres haben und wollte immer etwas werden. Er konnte es nicht leiden, wenn einer über ihm stand, wenn einer ihm Befehle gab..." „Das hat er ja jetzt geschafft." Aber den Weg dahin kann man wohl mit Fug und Recht als steinig bezeichnen: „Er hatte eine Bewerbung geschrieben und wollte bei der Bahn anfangen, aber da haben sie ihn nicht genommen. Dann hat er gesagt, ja Mama, was mach ich denn nun? Ach, sag ich, wir wollen mal sehen, vielleicht kannst du ja im Porzellangeschäft in Lemgo anfangen. Ja, und wissen Sie, er war ja immer sehr klein. Und wie wir uns da vorgestellt haben, da hat der Chef gesagt, da müssen wir ja 'ne Fußbank unter den Tisch stellen, damit er überhaupt da rübergucken kann. – Aber sie haben ihn genommen. Er hat die Lehre gemacht. Alle waren zufrieden mit ihm, und dann hat er auf dem zweiten Bildungsweg studiert."

Für die Mutter wird der kleine starke Gerd zum wichtigsten Gegenüber, Mannersatz für sie, Vaterersatz für die vier Geschwister. Er hat die Kraft, Verantwortung für die Familie zu übernehmen und tut es auch. Die Nähe, die daraus resultiert, hat sich in wechselseitigen Kosenamen niedergeschlagen. „Löwe" nannte und nennt Gerd seine Mutter mit liebevollem Respekt. „Acker" ist im Dorf der Name für ihn. „Ich glaube, das kam vom Fußball spielen. Er hat immer viele Tore geschossen, und dann haben sie mal zu ihm gesagt: Heute haste mal wieder geackert. Und dann haben alle ‚Acker' zu ihm gesagt." – „Mama, wenn ich groß bin, hole ich dich mit der schwarzen Mercedes-Limousine ab", stellt Acker in Aussicht. Er hat es, Erika Vosseler kann es bezeugen, tatsächlich eingelöst.

Ein etwas heikleres Kapitel wäre jetzt noch anzusprechen: „Wenn Lieblingssöhne Frauen anbringen, haben Mütter manchmal ein Problem. Nun muß man ja beim Gerhard sagen..." „Er hat ja vier", bringt es die Mutter auf den Punkt. Und ihr Kommentar: „Ich hab' gedacht, wenn es mit der ersten nicht geht, das ist ja seine Sache. Da muß er mit fertig werden. Und dann hat er wohl immer wieder andere gehabt. Na ja, wenn ihm das gefiel, hab ich gedacht, dann mal zu!" Mit dem Segen der Mütter leben Söhne leichter.

Gerhard Schröders Mutter muß sich wohlgefühlt haben im Nachtcafé. Denn als kürzlich die Redaktion wieder bei der Familie anklopft, stoßen wir auf freundlich weitgeöffnete Türen. Und dies, obwohl der Anlaß unserer Kontaktaufnahme für Gerhard keineswegs ein erfreulicher ist: Ilse Brücke, die jüngste Halbschwester des Kanzlers und alleinerziehende Mutter, weiß, daß sie ihrem Bruder viel zu verdanken hat. Doch jetzt gehört sie zur Schar der Klägerinnen vor dem Bundesverfassungsgericht, die sich gegen die Streichung des Familienfreibetrags für Alleinerziehende wehren. Sehr unangenehm für den Kanzler. Und deswegen herrscht seit den ersten genüßlich-schadenfrohen Schlagzeilen in der Presse beharrliche Funkstille mit dem Halbbruder. Im Telefonat meint Ilse Brücke: „Er hat es nicht gern, wenn man ihm widerspricht." Ohne zu zögern sagt sie ihre Teilnahme am geplanten Nachtcafé zum Thema „Geschwister" zu. Eine willensstarke Familie.

Und immer wieder die Liebe...

Das Thema aller Themen

„Man kann im Leben nichts versäumen als die Liebe." Fast scheint es so, als hätten wir bei der Auswahl der Themen im Nachtcafé diesen Satz der Schriftstellerin Monika Maron so unbewußt wie nachhaltig beherzigt: „Glücksspiel Partnerwahl", „Mythos Erste Liebe", „Schwierige Lieben", „Wie haltbar ist die Liebe?", „Liebe total – Wer riskiert noch das große Gefühl"... Die Liste ließe sich noch lange fortsetzen.

Manchmal beschleicht uns in der Redaktion das Gefühl, jetzt wäre wirklich der Punkt erreicht, an dem das Thema aller Themen in all seinen Varianten erschöpfend behandelt ist. Aber dann zeigt sich immer wieder: Die Liebe mag zwar im Einzelfall nicht ewig haltbar sein. Als Thema ist sie unerschöpflich. Und es sind insbesondere die „namenlosen Liebenden", die im Nachtcafé von Sendung Nummer eins bis heute immer wieder die großen Gefühle beeindruckend unter Beweis stellten.

„5 Lügen, die Liebe betreffend", das Buch des Paarberaters Michael Mary hat seit seinem Erscheinen im Frühjahr 2001 die Medien nachhaltig beschäftigt. Die Gründe liegen auf der Hand: Hauptthema des Elaborats ist die Feststellung, daß das kontinuierliche Nachlassen der Leidenschaft in Liebesbeziehungen entlang der Zeitachse ein Naturgesetz sei, der Normal- und Regelfall sozusagen und fast so sicher wie das Amen im Gotteshaus. Das stiftet Trost, gnädigen Trost für Millionen schwer frustrierter Langzeit-Paare, die sich nach dieser Lektüre immerhin an der Botschaft festhalten können: Wir sind nicht allein.

Auch in der Nachtcafé-Redaktion verfehlen die Mary-Thesen nicht ihre Wirkung. „Mythos Sex – Partnerschaft contra Leidenschaft?" Das plakativ formulierte Thema entfacht spontan auch die journalistischen Triebe.

Der Autor selbst ist natürlich schon gebucht. Sein Werk verkauft sich bestens. Erfolg mit ernüchternden Erkenntnissen: „Wer den Wunsch hat, einen Partner fürs Leben zu finden, sollte sich im klaren darüber sein, daß diese Bedingung ihn etwas kostet. Er wird einen Preis dafür zahlen müssen. Und dieser Preis heißt: Ich opfere die Leidenschaft."

Wir opfern in den kommenden Tagen und Wochen sehr viel Recherchezeit, um eine Lanze für die Leidenschaft zu brechen, besser gesagt, um ein langjähriges Liebespaar zu finden, das in der Sendung diese Lanze führen kann. Leidenschaft, die über viele Jahre lodert, die lange oder gar ewig währt, gibt es das überhaupt? – Der Gegenpol, streunende Wandergesellen im Reich der Liebe, sind leichter dingfest zu machen: Miroslav Nemec, „Tatort"-Kommissar aus München und ausgewiesener Frauenliebling, ist zu weitgehenden Geständnissen bereit. Und das Ehepaar Michaela und Hubert Sommerfeldt geht mit seinem häuslichen Modell sogar noch einen Schritt weiter: Zusammen leben, ja. Aber die Sinneslust teilen sie mit anderen.

Aber wie finden wir ein Paar, das auch nach vielen Jahren noch treu und trotzdem leidenschaftlich zusammenlebt? Das kann doch nicht so schwierig sein! Ist es aber. Ein Königreich für solch ein Paar!

Die Wege der Recherche im Nachtcafé sind nicht selten wundersam verschlungen. Die Auswertung der Pressearchive, Anfragen bei christlichen Familienorganisationen, persönliche Kontakte hier und da ... Nichts führt dieses Mal wirklich zum Erfolg. Was wir brauchen, ist nicht nur ein Duo, das bereit ist, über seinen Gefühlshaushalt öffentlich zu reden. Es sollte – ganz nebenbei – auch glaubwürdig sein. Und vor allem Letzteres muß man bei den bisher vorliegenden Kandidaten wohl eher in Zweifel ziehen.

Das Eingeständnis, ein am grünen Tisch beschlossenes Ziel nicht erreicht zu haben, empfinden Nachtcafé-Redakteure stets als Schmach, als deprimierende Kapitulation im Recherchedschungel. Im Falle „leidenschaftliches Langzeitpaar" zeigen sich bereits erste Symptome der Resignation, als scheinbar aus dem Nichts die siegesgewisse Botschaft eintrifft: Wir haben sie!

Eine Hamburger Künstleragentin, die kurz zuvor selbst Gast in unserer Sendung war, hat sich an ein Paar in ihrem Bekanntenkreis erinnert: Gerda und Bernd Harzig sind seit 30 Jahren miteinander verheiratet und wie später zu hören und zu sehen sein wird das personifizierte hohe Lied auf die Liebe.

Wer immer glauben machen mag, Modelle mit sogenannten „Lebensabschnittspartnern" seien die bevorzugten Lebens- und Liebesformen unserer Zeit, der kann jetzt im Nachtcafé erfahren, wo die wahren Sehnsüchte vergraben sind. Denn nicht den Theoriebildnern moderner Partnerschaftslehren, nicht den Bannerträgern sexueller Freiheit gehört die Gunst des entzückten Publikums: Den Harzigs fliegen die Herzen zu.

Bernd Harzig ist 59 Jahre alt, selbstständiger Graphikdesigner aus Hamburg. Seine Frau Gerda, sechs Jahre älter, arbeitet im Büro ihres Mannes mit und ist gelegentlich als Komparsin in Filmen zu sehen. Für beide ist es bereits der zweite Versuch. Das Versuchsergebnis kann sich sehen lassen.

„Wir sind in 30 Jahren nie auf die Idee gekommen, einander zu betrügen. Wir haben nie aufgehört, einander zu überraschen, die Bedürfnisse des anderen ernst zu nehmen. Auch heute mache ich mich noch gerne schick für meinen Mann ..." Bereits beim ersten Telefonat ist die Echtheit des Glücks am anderen Ende der Leitung unverkennbar. Auch die Liebespraxis sei heute viel inniger, zärtlicher, intensiver, kein Abbau, ein Zuwachs an Qualität, erzählt Gerda Harzig ...

In der Sendung findet Michael Mary in ihr seinen vehementen Konterpart. Der Paarberater, der seine eigene Lebenssituation mit den Worten „ich bewege mich im Spektrum zwischen Bindung und Begehren" so wolkig wie aussagekräftig umschreibt, sieht vor allem in der permanenten Nähe der Partner das Gift für die Sinne. Begriffe von hohem Erregungswert führt er im Munde: „Ehe auf Distanz", „serielle Partnerschaft", „kultivierter Seitensprung". Nicht nur unser Traumpaar, auch Professor Kurt Starke, Sexualforscher aus Leipzig, der auch in dieser Runde sitzt, wird ob dieser Begriffsoffensive zusehends unruhiger: „Der kultivierte Seitensprung, da muß ich schon lachen! Alles effizient und diese Distanzdiskussion ... Vielleicht sollten wir dann lieber gleich auf Distanz bleiben. Dahinter steckt doch nur die Unfähigkeit, eine wirkliche Nähe zu gestalten!"

Paarberater Mary spricht von „Strukturen des Begehrens", die zusammenpassen müssen. Gerda Harzig formuliert es einfacher: „Wenn die Liebe da ist, dann kommt die Leidenschaft von ganz alleine. Und ich stehe auf dem Standpunkt, daß man dann noch genauso leidenschaftlich sein kann, wenn man schon 30 Jahre zusammen ist."

„Wir haben uns gefunden und sind vom ersten Tag bis heute zusammen", ergänzt die andere Hälfte des Paares. Bernd Harzig sitzt auf einem Stuhl hinter der eigentlichen Gesprächsrunde und legt jetzt liebevoll die Hand auf die Schulter seiner Frau. „Wir haben mal vor 15 Jahren eine Krise gehabt, da war sie im Krankenhaus für vier Monate, da bin ich jeden Tag bei ihr am Bett gesessen. Ich hatte eine höllische Angst, daß sie mir davongeht. Ich hätte wirklich nicht gewußt, was ich ohne diese Frau gemacht hätte. Wir haben es durchgestanden, und ich bin dafür sehr, sehr dankbar. Und, Liebe, um das jetzt mal ganz klar zu sagen, warum das so ist: Diese Frau, die kann ich berühren, es kribbelt. Ich kann sie schmecken und riechen, das ist einfach so... Auch heute noch schlafen wir in einem Bett, das nicht breiter als 1 Meter 40 ist."

Ein fast blindes Vertrauen in den anderen, viele gemeinsame Vorlieben... Eine ganze Reihe von Punkten können die beiden zur Erklärung ihres dauerhaften Glücks anführen, und trotzdem heißt die zentrale Erkenntnis auch am Ende dieser Sendung: Die Liebe ist nicht zu erklären, sie bleibt auch nach diesem Nachtcafé, wie wäre es auch anderes zu erwarten, ein Mysterium. Der Professor aus Leipzig bringt es in seinem Schlußwort auf den Punkt: „Die Ansprüche an eine Partnerbeziehung sind heute sehr hoch." Herr Mary meint, Partnerschaft kann daran zerschellen, weil die Ansprüche zu hoch sind und zuviel verlangt wird. Da gibt es aber entgegen der Fragmentierung von verschiedenen Antworten in der Partnerbeziehung eine ganz einfache Antwort: „Du bist mein ein und alles."

Wenn wir nach mehr als 15 Jahren Nachtcafé heute eine Art „Galerie der großen Liebespaare" einrichten würden, dann wäre eines sicher: Manch älteres und altes Paar würde zu unseren wichtigsten Exponaten zählen, personifizierte Beweisstücke, die mal poetisch, mal eher bodenständig die unendliche Kraft der Liebe dokumentieren:

Den absoluten Altersrekord in der Kategorie „leidenschaftlich Liebende" hält im Nachtcafé bis dato das Ehepaar Charlotte und Adolf Schilling, zwei Mitachtziger, die kurz nach ihrer Diamantenen Hochzeit bei uns zu Gast sind. Mehr als 60 Ehejahre haben sie jetzt schon miteinander durchlebt. Aber an unserer Bar sitzen sie händchenhaltend und turtelnd wie zwei liebestrunkene Teenager. „Atchen" nennt sie ihn, und er sagt: „Charlotte ist mein Mädchen."

Auf die ziemlich ungewöhnliche Geschichte von Brigitte und Albert Bolay aus Stuttgart bin ich durch Erzählungen im Bekanntenkreis gestoßen. Im Nachtcafé „Wie haltbar ist die Liebe?" erfahren wir von ihnen, wie das Verfallsdatum ihrer Gefühle eine überraschende, späte Korrektur erfuhr.

Es ist gegen Ende der sechziger Jahre, als sich der junge Architekt und die Bauzeichnerin in einer Stuttgarter Amtsstube zufällig begegnen. Spontan springt der Funke über, beidseitig und heftig. Die leidenschaftliche Liebe führt kaum ein Jahr später zum Standesamt. Drei Töchter kommen in den nächsten Jahren zur Welt.

Doch die Liebe hat wie so oft einen zunächst völlig unterschätzten Feind: den Alltag. Sorgen mit dem eigenen Architekturbüro kommen hinzu. Die Rezession Mitte der siebziger Jahre wirft existentielle Probleme auf. Ein Lehrauftrag in München soll helfen, die nächsten Jahre zu überbrücken. Die große Liebe mutiert schleichend zu einer mehr und mehr angestrengten Wochenendbeziehung. Von Montag bis Freitag führt Albert Bolay ein wenig beglückendes Single-Dasein an seinem Arbeitsort. Und an den Wochenenden soll das Leben stattfinden. Doch diese Tage mit ihrem gepreßten Katalog von Pflicht und Kür überfordern alle, insbesondere die Ehefrau: „Im Laufe der Zeit wurde mir diese Wochenendbeziehung fast lästig. Wenn er kam, war das mit Streß verbunden. Freitags dachte ich, wenn er jetzt nicht kommen würde, wäre das auch recht. Ich spürte: Mein Mann wird mir mehr und mehr gleichgültig." Als Albert Bolay 1978 ganz nach Stuttgart zurückkehrt und es mit dem Büro wieder aufwärts geht, ist der Niedergang der Gefühle ein Fait accompli: „Als er wieder ganz da war, war der Bruch längst passiert. Er hat mich irgendwie mächtig gestört. Ich konnte ihn nicht mehr ertragen. Es ist ganz langsam etwas an dem feinen Gewebe zwischen uns zerbrochen. Es ist immer ein bißchen rissiger geworden, bis meine Liebe gestorben ist, richtig gestorben. Ich bin halbtags in ein anderes Büro gegangen, weil ich dachte, vielleicht tut es uns gut, wenn wir für ein paar Stunden getrennt sind. Wir sind aber nicht mehr zusammengewachsen..."

Nach 16 Jahren Ehe wird das Paar 1984 geschieden. „Ich wollte klare Verhältnisse. Es gab als Grund keinen anderen Partner. Nach der Scheidung waren wir beide unglücklich und verstört. Aber ich konnte ihn nicht mehr lieben."

Die Freunde des Paares reagieren auf die Trennung konsterniert und vorwurfsvoll. Warum ausgerechnet diese beiden? Waren sie nicht viele Jahre ein Vorbild für den gesamten Freundeskreis? – Immerhin, die Geschiedenen bemühen sich weiter um einen guten Umgang miteinander, allein schon der Kinder wegen, um deretwillen sie nach wie vor gemeinsame Urlaube und Feste veranstalten.

Jahre vergehen. Sensiblen Beobachtern im näheren Umfeld fällt auf, daß das getrennte Paar merkwürdigerweise mit der Zeit nicht weniger, sondern immer häufiger zusammen zu sehen ist.

Nicht nur bei familiären Pflichtterminen ist das der Fall, sondern auch bei solchen Unternehmungen und Einladungen, bei denen keinerlei Zwang zur Gemeinsamkeit besteht.

Im August 1998 feiert Albert Bolay mit vielen Freunden seinen 60. Geburtstag. Auch die geschiedene Ehefrau ist dabei. 14 Jahre sind sie jetzt schon getrennt.

Niemand ahnt etwas. Da läßt zu später Stunde ein einschlägiges Musikstück die Festversammlung aufhorchen: Der Hochzeitsmarsch von Mendelssohn. Das Paar, das nach offizieller Lesart keines mehr ist, betritt die Tanzfläche und verkündet dem völlig verblüfften Auditorium: „Wir haben uns wieder geheiratet!"

Niemand, nicht einmal die drei Töchter, hatten irgend etwas geahnt, erzählen Brigitte und Albert Bolay an der Nachtcafé-Bar. „Ja, ich finde es jetzt fast schöner als früher. Und das Schönste, was uns passieren konnte, ist, daß sich unsere Töchter so maßlos gefreut haben." – Albert Bolay ergänzt: „...daß sie uns als Paar akzeptiert haben..."

Auch im Frühling 2002 stellen wir uns der saisonalen Gefühlslage: Bei den Vorbereitungen für „Mythos erste Liebe" konfrontieren Sylvia Storz und ich die Redaktion wieder einmal mit einer unserer gefürchteten „fixen Ideen": Eine erste Liebe, die auseinanderging, sich aus den Augen verlor, und nach vielen Jahren wiederfand, zum großen Happy End. Ein Fall, so oder so ähnlich, würde uns außerordentlich schmücken! – Redaktionen lieben solche Vorgaben ganz besonders. Oft führt die Herausforderung irgendwann nach langen Mühen zum Erfolg. Gelegentlich allerdings kommt nach Wochen ergebnisloser Suche auch die Rückmeldung, daß dieser Fall wohl wirklich nur im Kopf dessen existiert, der ihn sich ausgedacht hat.

Schon bringt die Redaktion bedenkenschwer zum Ausdruck, wie kompliziert, langwierig und mutmaßlich hoffnungslos diese Recherche sein wird. Da meldet sich in der Runde ganz schüchtern eine junge Praktikantin zu Wort: „Ich glaube, ich kenne da jemand!"

Um es gleich zu sagen: Der Zufall entpuppt sich als wahrer Glücksfall. Eine hinreißende Geschichte, zumindest liest sie sich gut. „Sind die Kandidaten auch wirklich bereit, in die Sendung zu kommen? Wie gut erzählen sie?" – Ein Hausbesuch mit der Video-Kamera soll Sicherheit schaffen – und schafft sie auch.

Wir blenden zurück in das Jahr 1947, schlimmste, ärmste Nachkriegszeit auf dem sehr flachen Land im Oldenburgischen. Eve Fricke ist 17 und hat einen Bruder, der zwei Jahre älter ist, zum Glück. Nach dem Alptraum des Kriegs lädt der Landgasthof zum „Drögen Hasen" im Nachbardorf erstmals wieder zum Tanz. Der Bruder will hin, und Eve, zunächst nur als häusliche Übungspartnerin eingeplant, will mit. „Lott de Deern nich os den Oogen", tragen ihm die strengen Eltern auf.

Im „trockenen Hasen" formieren sich die Halbwüchsigen aus der Stadt entlang der Theke, halb dem Biere, halb der weiblichen Angebotslage zugewandt. Blicke berühren sich, auch die von Eve und Kurt. Und dann ist es auch schon geschehen. Aufforderung zum Tanz. Die beiden lassen sich ab dato nicht mehr los.

Doch die Zeiten geben sich weder aufgeklärt noch liebesfreundlich. Der Vater ist gegen die Beziehung mit diesem dahergelaufenen Flüchtling. Heimlich treffen sich die beiden in der Laube hinter dem Haus und später auch in der eher anonymen Stadt. Eve spürt, daß diese erste Liebe ihre Liebe fürs Leben ist. Und ihr Freund spürt das auch – zumindest sagt er das. In Wahrheit hat Kurt noch eine andere Liebe: Afrika. Und als die Firma, die ihn ins geliebte Land entsenden will, nur alleinstehende Männer in Betracht zieht, wird rasch klar, welche Sehnsucht siegt.

In der Nachtcafé-Runde reicht mir Eve Fricke ein Foto mit dem Datum 20.9.49. Auf der Rückseite steht mit Bleistift: „Behalt mich lieb, Dein Spatz".

Gegenseitige Treueschwüre. Es folgen noch ein paar Briefe. Doch Afrika ist weit. Kurt Herrmann wendet sich zunächst der Elektrotechnik und später auch den heimischen Frauen zu. „Für Albert Schweitzer in Lambarene habe ich die Generatoren gebaut", erzählt er. Irgendwann heiratet er doch noch eine Deutsche. Sie stirbt nur ein Jahr nach der Hochzeit.

Eve Fricke bleibt in ihrem Dorf bei Oldenburg, führt das ländliche Bekleidungsgeschäft der Eltern weiter, heiratet ebenfalls, wird dreifache Mutter. Als sie 65 ist, betrügt ihr Mann sie mit einer Jüngeren. Die Ehe zerbricht.

Über Umwege meldet sich die Vergangenheit. Aus der Verwandtschaft erhält sie die Nachricht, daß Kurt Herrmanns Bruder gestorben ist. Sie kondoliert bei der Witwe und erhält eine Telefonnummer: Die Nummer ihrer ersten Liebe.

„Eine Woche habe ich die Telefonnummer immer wieder angeschaut und weggelegt. Dann, als ich wieder mal einen Tiefpunkt hatte, nahm ich mir ein Gläschen Wein, habe mir ein Herz gefaßt und angerufen. ‚Hallo?‘ meldete sich eine brummige Stimme am anderen Ende. Da habe ich vor Schreck wieder aufgelegt. Dann habe ich noch ein Glas Wein getrunken und es noch einmal versucht. Er: ‚Hallo – Was wollen Sie, und wer sind Sie?‘ Ich sage, ‚das ist nicht so einfach.‘ ‚Haben Sie getrunken?‘ – ‚Wir kennen uns!‘ – ‚Nicht, daß ich wüßte!‘ Dann sage ich: ‚Doch, vom ‚Drögen Hasen‘!‘ ‚Stopp! Dann brauchst du gar nichts mehr zu sagen: Du bist mein kleiner Liebling.‘ – Und das nach 50 Jahren!

Das Publikum im Schloß Favorite schmilzt dahin, und die weitere Erzählung schildert, wie eine leidenschaftliche Altersromanze unaufhaltsam ihren Lauf nimmt: Sie fliegt nach München, den neuerlichen Wohnort ihrer Jugendliebe, fast so aufgeregt wie eine 17jährige, fiebernd, was für ein Mann und welche Gefühle sie dort wohl erwarten werden. Am Ausgang des Flughafens erkennt sie ihn sofort und erschrickt: Dieser voluminöse ältere Herr soll...

„Und dann war er von Stund’ an wie früher“, erzählt Eve Fricke. „Endlich!“ Immer wieder wiederholt er dieses Wort.

Noch am selben Tag fällt der Beschluß: Wir ziehen zusammen! – Endlich!

Spannungen, Schwierigkeiten und ein Skandal

Der Moderator auf schwierigem Terrain

Angesichts der stattlichen Anzahl von Liebes- und Beziehungsthemen im Nachtcafé mußte er allein schon aus statistischen Gesichtspunkten irgendwann in diesem Zusammenhang geschehen: der Eklat.

Das Thema hatte von vorneherein etwas Heikles und die Besetzung auch. In der Sendung vom 21. Mai 1999 geht es um den Seitensprung. Wir fragen, wieviel Freiheit verträgt die Liebe? – Die Redaktion hat beste Arbeit geleistet: Aufklärer Oswalt Kolle ist wieder einmal dabei, die Sexualforscherin Ulrike Brandenburg und die ZDF-Ansagerin Heike Maurer, die die Geschichte ihres erlittenen Eheverrats sogar in einem Buch niedergeschrieben hat. Ein junges Paar hat die Bastion ewiger Treue besetzt, so auch Heike Schiller aus Stuttgart, die mit ihrer Partnerin schon mehr als ein Jahrzehnt in einer lesbischen Beziehung zusammenlebt. Abgesehen von einer kleinen Irritation im – auch in diesem Fall – verflixten siebten Jahr gilt für die beiden Frauen erklärtermaßen der Grundsatz: In Treue fest!

Dieter Wedel ist ein bedeutender Regisseur. Seine Fernsehfilme haben, ob „großer Bellheim" oder „Schattenmann", ein Millionenpublikum an die Apparate gefesselt. Keine Frage, den von der Statur her eher kleinen Mann umgibt die Aura des großen Erfolgs – und in Sachen Frauen ein Ruf wie Donnerhall.

Er ist unverheiratet und zu diesem Zeitpunkt – so weit zu überblicken – Vater von fünf Kindern mit verschiedenen Frauen. Die Schauspielerin Hannelore Elsner gehört zu seinen früheren Geliebten, genauso wie Ingrid Steeger, Leslie Malton und Julia Stemberger, eine Aufzählung, die als unvollständig einzustufen ist. Meist gilt: neuer Film, neue Frau. Zum Zeitpunkt unserer Sendung ist gerade Dominique Voland (28) seine aktuelle Partnerin. Bald wird sie die Mutter seines sechsten Kindes sein. Schwer zu verstehen, daß er in Interviews trotzdem noch immer auf seine langjährige Beziehung zu der Hamburger Studienrätin Uschi Wolters abhebt. „Mit Uschi lebe ich seit 25 Jahren zusammen, Dominique akzeptiert das auch, daß ich Uschi niemals verlassen würde und daß ich sie sehr sehr lieb habe."

Als Minimum darf man bei einem Mann wie Wedel hinter all dem wohl so etwas wie eine Philosophie erwarten, Bekenntnisse zur Allmacht der Liebe etwa, Erklärungsmuster, die den bürgerlichen Kleingeist gehörig abmeiern. Wir sind gespannt auf ihn.

Direkt von Mallorca, wo er über einem neuen Drehbuch sitzt, ist er eingeflogen, begleitet von einer jungen Frau, einer Mitarbeiterin. Sein Teint ist angemessen gebräunt, die Augen strahlen entspannt, himmelblau wie immer.

Beim Warm-up mit dem Publikum verbreitet sich beste Stimmung. Eine Sendung, auf die ich mich freue. Die Freude währt allerdings nicht lange.

„Eine Beziehung kann nur funktionieren, wenn sich beide Partner vertrauen. Daß das nicht immer funktioniert, davon erzählt die gesamte Weltliteratur. Daß Menschen sich etwas vornehmen und etwas anderes ihnen unterläuft und passiert, das ist so, weil sie eben unzulänglich sind..." Im Nachhinein klingen  diese ersten Antwortsätze aus Wedels Mund wie ein Menetekel, für das, was nun kommen sollte: „... sich etwas vornehmen, und etwas anderes unterläuft..."

Ein Beispiel aus dem Tierreich in der Moderation soll dazu dienen, die Gruppendynamik zügig in Gang zu setzen: „Ich habe gelesen, nur etwa ein Prozent aller Lebewesen sind treu", referiere ich, „darunter der Seeadler, aber der ist dafür vom Aussterben bedroht. Was sagt uns das?"

Die Nachtcafé-Runde ist zu diesem Zeitpunkt noch keine zehn Minuten alt. Ich weiß nicht, ob es an dieser Frage lag, aber ab nun nimmt das Unheil seinen Lauf. Heike Schiller greift das Beispiel auf und wandelt es zu aller Schock in eine Wedel-Attacke von geschmacklich umstrittener Güte. Protokoll einer Eskalation:

„Ich glaube, daß der Seeadler aus anderen Gründen vom Aussterben bedroht ist und daß Treue eigentlich nur ganz wenig damit zu tun hat, daß man wie Herr Wedel ab und zu einmal seine hormonellen Geschichten nicht unter Kontrolle hat und glaubt, daß er Mädchen, die halb so alt sind wie er, in Mallorca am Strand umlegen muß oder so. Ich denke daß ..."

Auf dem virtuellen Kontrollschirm des Moderators beginnen sämtliche Warnlampen auf einmal zu blinken. Bevor ich zu einem Akt der Befriedung anhebe, hat Dieter Wedel in Sekundenschnelle seinen Entschluß bereits gefaßt: „Jetzt muß ich auch mal was sagen. Wenn diese Talksendung auf diesem Niveau ist, dann muß ich leider gehen, ja? Ich habe nicht gewußt, daß Sie hier die Privaten, über die Sie sich hier in öffentlich-rechtlichen Sendungen so auslassen, in dieser Weise nachmachen. Auf Wiedersehen! Ich möchte hier nicht länger bleiben." Damit hatte Heike Schiller nun nicht gerechnet. Sie ist fassungslos: „Oh, das wollte ich aber nicht, Herr Wedel, jetzt bleiben Sie doch da! Das ist doch ..." – „Nee, ich finde einfach, das ist taktlos, geschmacklos und hat keinen Stil!" Der Regisseur ist nicht mehr aufzuhalten: „Auf Wiedersehen" – „Das tut mir jetzt leid!" – „Herr Wedel ...!"

„Ich lasse mich doch hier nicht dumm anpissen, entschuldigen Sie ...!" Er reißt sich das Mikrofon von der Brust. „Ich wollte Sie nicht dumm anpissen, ich wollte einfach nur, ich habe nur ein Beispiel genannt ..." – „Wenn Sie so sehr auf das Niveau der Öffentlich-Rechtlichen hinweisen, dann hätten Sie jetzt als Moderator eingreifen müssen ...", werde ich gerügt. „Sie waren schneller, Herr Wedel." „Gut, dann gehen wir jetzt." Wedel erhebt sich, seine junge Mitarbeiterin auch.

Die Runde ist völlig verstört, zuallererst natürlich Heike Schiller, der die Sache jetzt ziemlich peinlich ist: „Das tut mir jetzt leid mit Herrn Wedel, ich hab, das, äh, ich wollte etwas, ein bißchen provozieren. Und das scheint doch nicht so falsch gewesen zu sein ..."

Im Nebenraum laufen inzwischen Wedel und Begleitung in die beschwichtigenden Arme der Redaktionsleiterin Sylvia Storz. Während ich drinnen mühselig versuche, das Gespräch (Was war gleich das Thema?) wieder in Gang zu setzen, probiert sie es draußen mit Verhandeln. „Wir könnten noch einmal mit der Aufzeichnung beginnen ...!" „Nur wenn Sie die Lesbe des Saales verweisen!" Da aber ist für Sylvia Storz die Grenze überschritten. Von meinem Moderatorenplatz aus höre ich noch eine Weile Herrn Wedels erregtes Geschrei.

Überraschend gelassen wende ich mich wieder der Runde zu. Den verwaisten Stuhl fülle ich mit unserem Gesprächsgast von der Bar. Seitensprung ist wieder das Thema, nicht Wedels Sprung aus dem Nachtcafé.

Als ich am nächsten Morgen, dem Tag der Ausstrahlung, die Redaktion betrete, hat sein Büro bereits angerufen. Ein Sendungsmitschnitt wird verlangt. Der Anwalt wird sich melden. Wir fürchten eine einstweilige Verfügung, aber nichts passiert.

Am Abend senden wir die Passage des Abgangs ungekürzt. Die Zuschauerzahlen übertreffen unsere Erwartungen. „Bild" meldet: „Skandal in SWR-Talkshow", „Lesbe beleidigt Star-Regisseur Wedel". Der Pulverdampf verzieht. Von Wedels Anwalt haben wir nie etwas gehört.

Unmittelbar begegnet bin ich Dieter Wedel seither nicht mehr. Nur auf der Tanzfläche beim Münchner Filmball haben sich unsere Blicke kurz gestreift. Ich bin nicht ganz sicher, ob er mich erkannt hat. Aber, wir haben uns freundlich zugenickt. –

Es gibt noch einen weiteren Epilog zu dieser Sendung.

Er handelt von der Frau, die den Regisseur so überraschend in die Flucht geschlagen hat. Heike Schiller hielt große Stücke auf die verläßliche Bindung zu der Frau, die sie als die „Frau ihres Lebens" betrachtet hat. Gegenseitiges Vertrauen, Verant-

Wieland Backes, Heike Schiller, Heike Maurer und Oswalt Kolle

wortung füreinander, das sind für sie Essentials ihrer Partnerschaft. In der Sendung erläuterte sie das an einem Beispiel: „Meine Freundin hat einen sehr guten Freund – den Mann kenne ich nicht. Ich hab ihn einmal flüchtig gesehen. Da kommt sie öfter morgens um drei nach Hause, und ich weiß, daß das in Ordnung geht. Und das ist eine sehr intensive Beziehung, die mich weder stört noch eifersüchtig macht. Aber das ist genau das, was die Freiheit einer Beziehung auch ausmacht und was sie braucht."

Kurze Zeit nach dieser Sendung erfährt sie Dinge, die sie ins Bodenlose stürzen lassen: Die Freiheit wurde mißbraucht, offenbar schon mehrere Jahre. Die „sehr intensive Beziehung" zu dem „sehr guten Freund" war intensiver und vor allem anders, als sie dachte.

Die Tragödie des in Stuttgart nicht unprominenten Paares wird zum Gesprächsthema der Szene, die Trennung zum Alptraum. Auch die Beziehung ihrer Partnerin zum „besten Freund" zerbricht.

Für Heike Schiller stehen die Zeichen auf Dauerdepression. Da läuft ihr an einem ihrer tiefsten Punkte eine neue Liebe über den Weg. Nicht nur bei der Wahl der Partnerin, auch was die gesellschaftlichen Rahmenbedingungen angeht, hat sie jetzt das Glück auf ihrer Seite: Im Oktober 2002 geben sich die beiden Frauen in einem Stuttgarter Standesamt das Ja-Wort. Als „eingetragene Partnerschaft" gehören sie mit zu den ersten.

Wirklich nur ein einziges Mal hat bis dato ein Gast das Nachtcafé vorzeitig und ungeplant verlassen. Gott lob! Vielleicht war mancher nahe dran, wie zum Beispiel Professor Bruno Reichart, Chefarzt am Klinikum Großhadern bei München. Er gilt als einer der ganz großen Herztransplanteure der Nation, vielleicht sogar der Welt.
Die Bezeichnung „Halbgott in Weiß" ist an sich ein schon etwas angestaubtes Klischee. In Bruno Reichart wird es wieder leibhaftig. In der Sendung „Ersatzteillager Mensch" sieht sich der Herzspezialist unerwartet einer Haltung gegenüber, die ihm aus seinem Klinikalltag offenbar gänzlich unbekannt ist: Widerspruch. Eine ganz normale, fast überdurchschnittlich gesittete Nachtcafé-Diskussion nimmt ihren Lauf: „Organverpflanzung Für und Wider". Für den Star aus München ist das zu viel. Gequält kontert Reichart noch die ersten Einwürfe von Kritikern wie dem renommierten Anthroposophenarzt Paolo Bavastro, aber dann versteinert sein Gesicht zusehends. Und schließlich verstummt er ganz. Aus dem Augenwinkel erkenne ich, wie sich seine Hand mehr und mehr um den Griff des edlen Aktenkoffers krampft, der zu seinen Füßen steht. Er wird doch nicht ...? – Er bleibt. Aber die weitere Sendung ist alles andere als eine Lust. Bemüht versuche ich ihn immer wieder ins Gespräch zu ziehen. Vergebens. Und mit dem ersten Ton der Schlußmusik springt er auf. Zum Glück hat der Toningenieur die Regler schon zugezogen. So wird nur das Auditorium vor Ort Zeuge der wüsten Beschimpfungen, denen jetzt die Runde und der Moderator ausgesetzt sind. „Sie werden von mir hören!" Mit dieser bedrohlich klingenden Verbalgebärde stürmt er grußlos samt jugendlicher Begleiterin aus dem Schloß. Und für einen kurzen Augenblick fühle ich mich wie eine OP-Schwester in Großhadern, der unterstellt wird, sie habe das Skalpell verlegt. –

Ein kleiner Exkurs: „Deutschland im Herbst". Diese Zeile steht für das vielleicht beklemmendste Kapitel der jüngeren deutschen Geschichte. Als angehender Journalist habe ich diese Zeit selbst hautnah miterlebt, damals im Herbst 1977: Der Terror der RAF hatte mit der Entführung des Arbeitgeberpräsidenten Hanns-Martin Schleyer gerade einen Höhepunkt erreicht. Angst und Hysterie im Land ebenfalls. Die Ereignisse überstürzen sich. Die Lufthansa-Maschine Landshut wird von Mallorca aus nach Mogadischu entführt und schließlich von der Spezialeinheit GSG 9 des Bundesgrenzschutzes geentert. In derselben Nacht begehen die RAF-Terroristen Ensslin, Baader und Raspe in ihren Stammheimer Hochsicherheitszellen Selbstmord. Als Berichterstatter stehe ich wenige Tage später inmitten eines großen Aufgebots von Fernsehteams aus aller Welt auf dem Stuttgarter Dornhaldenfriedhof. Oberbürgermeister Manfred Rommel hatte entgegen der Lynchstimmung in weiten Teilen der Bevölkerung eine menschenwürdige Bestattung der Toten sichergestellt.

Die Szenerie ist gespenstisch und furchterregend. Eine drängelnde, chaotisch übereinanderstolpernde „Trauergemeinde" aus Sympathisanten, Sensationsgierigen, Journalisten und Kamerateams versucht die drei hellen Särge aus Fichtenholz auf ihrem Weg zum Grab zu verfolgen und möglichst einen der vorderen Plätze zu ergattern. Außerhalb des Friedhofs an einem Hang hat sich wie eine bedrohliche grüne Wand eine Hundertschaft der Stuttgarter Polizei aufgebaut. Die Worte des Pfarrers werden vom allgemeinen Tumult und vom Brummen der über der Grabstätte kreisenden Hubschrauber ungehört verschluckt.

Die Regisseure Alexander Kluge und Volker Schlöndorff sind auch am Platz. Sie drehen für ein Gemeinschaftsprojekt, das die andere Seite des Terrors beleuchten soll: die Frage, was in dieser bleiernen Zeit in unseren Köpfen und mit unserer Demokratie geschieht. Titel des Films, der schon kurz danach in die Kinos kommt: „Deutschland im Herbst".

Ganz spontan kommen mir diese Bilder wieder vor Augen, als die Redaktion im Juni 1992 ein aktuelles Thema vorschlägt, das für Menschen meiner Generation noch immer Brisanz besitzt: „Gnade für die Terroristen?"

Klaus Kinkel, damals Bundesjustizminister, hat eine Debatte angestoßen, die einen Schlußstrich unter die Ära des RAF-Terrors ziehen soll. Und wir überlegen, ob sich vor diesem Hintergrund die Feinde von einst auch in einer Nachtcafé-Runde wieder begegnen, vielleicht sogar näherkommen könnten.

Der begnadigte RAF-Terrorist der ersten Generation Klaus Jünschke hat zugesagt, die SPD-Rechtsexpertin Herta Däubler-Gmelin und Hubertus von Braunmühl, der seinen Bruder durch ein Attentat der RAF verlor und gleichwohl auf Versöhnung mit den Mördern setzt. Bis zu diesem Punkt eine unproblematische Gruppen-Konstellation. Doch die Redaktion will zwei weitere Personen zusammenführen, die zu den exponiertesten Kontrahenten der RAF-Zeit zählen und die nach unserem Wissensstand vor allem folgendes verbindet: erbitterte Feindschaft, gegenseitige Ablehnung, ja persönlicher Haß: der ehemalige Bundesanwalt Kurt Rebmann und sein Gegenspieler die radikalste und schillerndste Figur unter den RAF-Verteidigern, Klaus Croissant.

Ruheständler Rebmann, dessen Haus in Stuttgart zu einer richtiggehenden Festung umgestaltet worden war, steht zu jener Zeit noch immer unter Personenschutz. Sehr zum Ärger der Nachbarn, die sich durch die ständige Polizeipräsenz genervt fühlen. 1977 hatte Rebmann die Nachfolge des von der RAF ermordeten Chefanklägers Siegfried Buback angetreten. Er wurde der wohl bestbewachte Mann der Nation. In seinem Dienstzimmer hing ein Satz von Friedrich dem Großen: „Wenn ich in die Hände der Feinde falle, unternehmt nichts zu meinem Schutz." So wollte er es im Ernstfall auch auf sich angewandt wissen. Es ist zum Glück nicht so weit gekommen. 1990 ging er unversehrt in Pension.

Ein Falke ist er geblieben. Kinkels „Signal zur Versöhnung" ist ihm mehr als suspekt. „Der Staat kann sich mit Tätern nicht versöhnen", erklärt er. Und was kann Kurt Rebmann? – Auf jeden Fall sagt er seine Teilnahme zu, selbst als er von unserem Ansinnen hört, auch noch den ehemaligen RAF-Anwalt einzuladen. „Croissant", diesen Namen intoniert der Schwabe so, als hätte er die Aussprache beim Einkauf in einer heimischen Bäckerei schon tausendmal geübt. Und ein anderer Unterton verrät: Mein Gott, muß das sein?

Rechtsanwalt Klaus Croissant finden wir bei unseren Recherchen, inzwischen wieder leidlich bürgerlich resozialisiert, in einer Kanzleigemeinschaft mit dem Grünen Hans-Christian Ströbele in Berlin. Den Beinamen „Propagandaminister der RAF" hat ihm die Presse einst gegeben und je nach politischem Standort sein Stuttgarter Büro mal mehr mal weniger als „neue Zentrale des Terrorismus" eingestuft.

Begonnen hatte er seine Stuttgarter Anwaltskarriere als Spezialist für Familien- und Erbschaftsangelegenheiten überwiegend wohlbetuchter Mandanten. Als er aus Überzeugung zum Verteidiger der RAF mutiert, wächst, anders als bei seinen Kollegen, seine Identifizierung mit der Szene Zug um Zug. Wer ihn erlebt, kann verfolgen, wie sein Idealismus allmählich beängstigend fanatische Züge annimmt. Bereits vor Beginn der Stammheimer Prozesse wird er als Anwalt vom Verfahren ausgeschlossen. Einer Anklage wegen Unterstützung einer kriminellen Vereinigung entzieht er sich durch die Flucht nach Frankreich. 1979 sieht ihn Stammheim wieder, ausgeliefert und verurteilt zu zweieinhalb Jahren Haft und einem vierjährigen Berufsverbot.

„Mit Rebmann zusammentreffen..." als er am Telefon unser Ansinnen wiederholt, beginnt seine Stimme merkwürdig zu vibrieren. Man spürt, ein schwierigeres Zusammentreffen hätte man ihm nicht vorschlagen können. Lange Gesprächspausen signalisieren: Am anderen Ende der Leitung laufen jetzt ganze Filme ab. „Rebmann, das wäre die erste Begegnung seit..." Vernehmbar aufgewühlt bittet unser Gegenüber um Bedenkzeit.

Schließlich, eine Zusage mit Auflagen: Unser Gast kann unmöglich bereits zum üblichen kurzen Vorgespräch mit dem Bundesanwalt a.D. zusammentreffen. Er ist sich unsicher, ob er sich überhaupt 90 Minuten lang mit ihm in ein und demselben Raum aufhalten kann. Er garantiert für nichts.

Als er im Hotel eintrifft, wirkt er nervös und dünnhäutig. „Sie denken noch an die Absprachen?" – Kurt Rebmann nimmt es gelassener. In unserer Besprechungsecke in der Hotelbar beginnt er zu erzählen – heitere Anekdoten aus schwerer Zeit.

Als wäre es eine Menagerie mit Raubtieren, geleiten wir den

ehemaligen RAF-Verteidiger erst Sekunden vor dem Sendungsstart in den Ring. Und es dauert nur kurze Zeit, bis die scheinbar noch immer unerledigten Rechnungen der Vergangenheit wieder auf dem Tisch liegen. Kurt Rebmann wollte einst den flüchtigen Croissant wegen Unterstützung einer terroristischen Vereinigung direkt an die Bundesanwaltschaft ausgeliefert bekommen. Das hat der französische Staat verhindert. Und irgendwie wurmt das den Prädikatsjuristen heute noch. Der Hochsicherheitstrakt in Stammheim – für Croissant „steingewordene Repression" – ist für Rebmann ein „tadelloses Gefängnis". Die Frage, warum Croissant tatenlos zuschaute, als seine Kanzleimitarbeiter sich der Reihe nach dem harten Kern der RAF zugesellten, wird mit der Konterfrage beantwortet: „Hätte ich sie etwa Ihnen ausliefern sollen?" Eigentlich hätte es in diesem Nachtcafé um eine mögliche Amnestie für inhaftierte Terroristen gehen sollen. Doch hier gilt eher ein verbissenes „lotta continua". Der Kampf geht weiter, heute zwar nur in einer Talkshow, aber mit bemerkenswert gestrigem Tenor.

Klaus Croissant, Hubertus von Braunmühl, Herta Däubler-Gmelin und Kurt Rebmann in „Gnade für Terroristen", 1992

Der Vorhang fällt, und es stellt sich die Frage, ob nach dieser Begegnung unerwärmbar kalter Krieger der obligate Ausklang im Restaurant überhaupt durchführbar ist. Croissant sieht sich jetzt immerhin zu einem Aufenthalt im selben Raum, aber bitte an einem entfernten Extra-Tisch, in der Lage. Und Kurt Rebmann, außer Bundesanwalt a.D. auch ein Kenner des württembergischen Weines, verfällt beim Ausklang in unerwartete Hochform. Außer Hörreichweite seines Kontrahenten berichtet er von den Aufregungen um die Visite des greisen Jean-Paul Sartre im Gefängnis von Stammheim: Croissant hatte diesen Kontrollbesuch in Sachen humane Haftbedingungen öffentlichkeitswirksam eingefädelt und damit die baden-württembergische Justizverwaltung in helle Aufregung versetzt. Bei einem Lokaltermin soll das Gefängnis auf mögliche Angriffspunkte hin überprüft werden. Psychologen werden einbezogen und empfehlen, das kalte Kalkweiß der Zellenwände durch ein freundlicheres Hellblau zu ersetzen. Eilig wird wenige Tage vor Sartres Eintreffen die Malerkolonne mit psychologisch korrektem Bleu im Farbeimer durch den Hochsicherheitstrakt geschickt.

Begleitet von den Medien der Welt, trifft schließlich der große Philosoph und Humanist in Stammheim ein. Nach der Zellenbesichtigung laden die Veranstalter zu einer Pressekonferenz. Sartre beschränkt sich in seinem Bericht nicht nur auf die Geißelung der Isolationshaft. Insbesondere kritisieren wolle er das abstoßende Blau der Zellenwände, das für ihn geradezu ein Symbol für die Inhumanität dieses Staates verkörpere.

Diese Geschichte erzählt der Sproß einer wohlsituierten Beamtenfamilie in erlesenstem Honoratiorenschwäbisch. Manchmal liegen die Höhepunkte eines Nachtcafé-Abends erst nach der Sendung. Schade, Klaus Croissant war außer Hörreichweite.

Was die Öffentlichkeit wenige Wochen nach unserer Sendung erfährt, wirkt wie ein Paukenschlag. Die Auswertung der Stasi-Akten hat ergeben, daß Croissant jahrelang für die Staatssicherheit der DDR spioniert und Informationen über das linke Spektrum in der Bundesrepublik geliefert hat. 1993 verurteilt ihn ein Berliner Gericht zu 23 Monaten Freiheitsstrafe auf Bewährung.

Im Frühjahr 2002 stirbt Klaus Croissant nach langer Krankheit in Berlin.

Kurt Rebmann erfreut sich bei Niederschrift dieser Zeilen noch immer seines Ruhestands in einer Stuttgarter Höhenlage, inzwischen ohne Polizeischutz, zur Freude seiner Nachbarn.

Nichts Menschliches ist uns fremd

Von abgängigen und absonderlichen Gästen

Der Nachtcafé-Redaktion ist eine Erkenntnis fest in Fleisch und Blut übergegangen: Nur ein anwesender Gast ist ein guter Gast. Und einer, der ausbleibt, meistens eine Katastrophe. Hinter der von vielen hochgerühmten Rundumbetreuung der Nachtcafé-Gäste steckt auch ein gerüttelt Maß an Sicherheitsdenken und manch leidvolle Erfahrung:

So ging uns Alice Schwarzers Mutter bei ihrer winterlichen Anreise irgendwo zwischen Wuppertal und Ludwigsburg schlicht verloren. Die Sendung mußte ohne sie gefahren werden. Die Gründe des Verschwindens blieben ungeklärt.

Ein Politiker aus Kiel war schon angereist. Als er im Hotelzimmer belastende Nachrichten über sich im Radio vernahm, zog er es jedoch vor, spontan wieder die Heimfahrt anzutreten. Leider ohne die Redaktion zu informieren.

Eine Medizinexpertin aus Wien hat ihr Flugticket zu Hause vergessen. Sie läßt das Taxi noch einmal umkehren und informiert uns telefonisch. Wir buchen um, auf eine Maschine später. Beim zweiten Anfahrtsversuch zum Flughafen wird ihr Wagen in einen Unfall verwickelt. Als sie endlich in Wien-Schwechat eintrifft, ist das letztmögliche Flugzeug längst gestartet und unsere Sendung hochgefährdet. Es bleibt keine andere Wahl: Eine für teures Geld gecharterte Maschine rettet uns die Sendung.

Patricia Cromer ist pünktlich zum Abflug eingetroffen. Die Tochter des legendären „Handtaschenkönigs" aus München mit den bekannten Initialen MCM ist neben Wolfgang Joop für die Sendung „Macht Geld glücklich?" eingeplant. Das Flugzeug setzt zum Start an, doch die Maschine hebt nicht ab. Erneute Startversuche folgen, dann bricht der Kapitän das Unternehmen ab. Ein Defekt! Aussteigen. Ein Ersatzflug? Vermutlich erst morgen.

Unser Problem: Patricia Cromer sitzt nicht irgendwo in Deutschland, sondern auf dem JFK-Airport in New York, und unsere Sendung in Ludwigsburg ist nicht irgendwann, sie ist heute. – Manche unserer Redakteure geraten in solchen Situationen in spontane Bestform. Wie viele Stunden bleiben? Fliegt keine andere Airline? Das reicht zeitlich trotzdem nicht oder – wir buchen auf der Concorde! – Tatsächlich, die reine Flugzeit beträgt nur knapp vier Stunden. Über Paris könnte das noch klappen. Aber die Kosten? Wir bekommen einen Sonderpreis. – Und am Abend sitzt tatsächlich eine relativ aufgeräumte Patricia Cromer in der Nachtcafé-Runde mit der damals noch unbeschwerten Erinnerung an einen unvergeßlichen Transatlantikflug mit der Concorde.

Nur ein anwesender Gast ist ein guter Gast. Nicht die Tücken des Verkehrswesens sind es, die im Fall des Arztes Dr. Gerhard Weiss den geplanten Auftritt im Nachtcafé zu verhindern drohen.

Für die Sendung „Deutschland ohne Kinder?" suchen wir im Mai 2001 einen zahlenden Vater, der unter der Last seiner Unterhaltsleistungen gehörig stöhnt. In Gerhard Weiss haben wir ihn gefunden. Er ist zweimal geschieden, hat insgesamt fünf Kinder und das Gefühl, ein ausgebeutetes Opfer zu sein. Aufgrund der umfänglichen Zahlungsforderungen sei er hochverschuldet, insgesamt 14mal sei schon der Gerichtsvollzieher vor der Tür gestanden, zeitweise blieben ihm monatlich nur noch hundert Mark zum Leben. Seine zweite geschiedene Frau überzieht ihn seit Jahren mit Prozessen. Er nennt die Zahl 112.

Daß derlei Erfahrungen die Lust an der Vaterrolle zumindest etwas trüben, liegt nahe. Und das ist unser Thema. Flankierende Recherchen untermauern die Glaubwürdigkeit des Gastes. Wir laden ihn verbindlich ein und verabreden, in der Sendung auf keinen Fall ein weiteres Schlachtfeld in diesem verheerenden Scheidungskrieg zu eröffnen.

Wenig später und keine 48 Stunden vor der Aufzeichnung liegt der Brandbrief einer Anwältin aus dem Schwarzwald auf unserem Redaktionstisch. Sie vertritt die zweite Ehefrau und kündigt nichts Geringeres an, als den Antrag auf eine einstweilige

Verfügung. Zum ersten Mal in der Geschichte des Nachtcafés soll die Teilnahme eines Gastes durch richterlichen Beschluß verhindert werden.

Die Gegenseite unterstellt Dr. Weiss, „daß er die Sendung als Forum für persönlichkeitsrechtsverletzende Behauptungen und Äußerungen zum Nachteil der Antragstellerin benutzen werde".

Niemand dachte daran, das Nachtcafé zum Schauplatz eines Rosenkriegs werden zu lassen. In einer Mischung aus Überzeugung und Sportsgeist starten wir mit Hochdruck die Rettungsaktion „Dr. Weiss". Die Rechtsabteilung wird eingeschaltet. Sie arbeitet hervorragend. Woher hat die geschiedene Ehefrau überhaupt die Information über die Nachtcafé-Teilnahme? – Kurzes Nachdenken. Natürlich, von unserer eigenen Internet-Seite. Wir leben im Kommunikationszeitalter.

Auch dieses Nachtcafé soll wie üblich einen Tag vor dem Sendetermin aufgezeichnet werden. Jetzt steht zu befürchten, eine richterliche Verfügung könnte unter Umständen die Ausstrahlung der schon fertig aufgezeichneten Sendung unterbinden.

Noch bevor bei der 17. Zivilkammer des Landgerichts Stuttgart der Antrag auf einstweilige Verfügung eingeht, liegt der Kammer die Schutzschrift unseres Justitiariats vor. Und am Donnerstag, der inkriminierte Vater befindet sich inzwischen schon auf der Anreise, fällt wenige Stunden vor dem Beginn unserer Runde die Entscheidung: „Der Antrag auf Erlaß einer einstweiligen Verfügung wird zurückgewiesen. Die Antragstellerin hat die Kosten des Verfahrens zu tragen."

Dr. Weiss weiß, worauf es jetzt ankommt: Ein erkenntnisreiches Gespräch geht über die Bühne, persönlich zwar, aber ohne auch nur einen Hauch von Persönlichkeitsverletzung.

Das Außergewöhnliche, das Extreme, zuweilen auch das Skurrile besitzt im Nachtcafé eine sichere Heimstatt. Die Pole, die Träger der Kontroverse im Gespräch, sind für uns unersetzlich, man könnte sagen, so etwas wie ein Instrument der Wahrheitsfindung oder, wenn man es lieber mit Hegel und dem gehobenen Anspruch hält, unser „dialektisches Prinzip".

Die Suche nach den Menschen, die die kontroversen Eckpunkte verkörpern, gestaltet sich meist mühsam. Grandiose

Fänge waren schon dabei und – leider auch – peinliche Fehlgriffe. Zum Glück nur wenige.

Ein gewisser Dr. Carsten Malin zum Beispiel präsentierte sich im Nachtcafé über „Geizhälse und Verschwender" als ein Mann, der nur mit einer einzigen Mark am Tag seinen Lebensunterhalt bestreitet. Ansonsten fließe sein gesamtes Einkommen nebst zusätzlicher Spenden in Projekte für die dritte Welt. So berichtet er im Vorgespräch, so ist es auch in einer Reihe von Zeitungsartikeln über ihn nachzulesen, und genau so erzählt er es schließlich auch in unserer Sendung. Der schon etwas speckige blaue Anzug, in dem er bei uns sitzt, hat irgendwie etwas Demonstratives – zu Demonstratives, wie uns hätte auffallen müssen. Denn wenig später erblicken Mitarbeiter Herrn Malin in einer anderen Talkshow und in einer ganz anderen Rolle: als Blondinenhasser. Peu à peu setzt sich allmählich ein wirklichkeitsnäheres Persönlichkeitsbild zusammen: Carsten Malin liebt Talkshows, und um als Gast möglichst häufig eingeladen zu werden, hat er sich gleich eine ganze Auswahl spannender Lebenslegenden zusammengebastelt. Ernüchternd aber wahr: Der angebliche Asket und Wohltäter ist in Wirklichkeit sein Geld nicht wert, nicht einmal eine Mark.

„Ist die Zukunft weiblich?" heißt das Thema, und Jeanine Graf erscheint uns als die Inkarnation eines deutlichen „Ja" auf diese Frage.

Gerade erst ist sie ausgezeichnet worden, als „Entrepreneur des Jahres 2000", ein Preis, hinter dem unter anderem ein bedeutendes Wirtschaftsblatt sowie eine renommierte Unternehmensberatung stehen. Bedeutsames und Vorbildliches habe Frau Graf geleistet beim Aufbau ihrer „Inquire AG", einem Jungunternehmen für Design-Software in München. Allein schon ihr Lebenslauf mit Stationen unter anderem in Berkeley und am Massachusetts Institute of Technology liest sich wie die geniale Partitur einer beeindruckenden Karriere. Promotion mit 26. Und dann noch dieser hinreißende französische Akzent!

Die Printmedien greifen bei den Titelzeilen über die Unternehmerin ganz tief in die Schublade mit den Superlativen:

„High-Tech-Jeanne d'Arc" ist zu lesen oder „Die deutsche Antwort auf Bill Gates", „Jeanine Graf will in München ein deutsches Silicon Valley gründen". Auch die Nachtcafé-Redaktion kann einfach nicht anders: Sie ist beeindruckt.

Vom Mobiltelefon aus meldet sich unser Gast bei der Redaktionsleitung. Sie ist leider schon etwas verspätet: „Business. Sorry!" Englisch mit französischem Akzent – „Können Sie tönen?" „Wie bitte?" „Können Sie tönen?" – „Sie meinen fönen?" Allmählich wird klar, daß ihr Anliegen weniger die inhaltliche Seite der Sendung als ihr Aussehen betrifft. Als sie schließlich im Schloß einläuft, ist unschwer zu bemerken: Bei dieser Frau liegt nicht nur die Frisur im argen. Die Entrepreneuse des Jahres ist offenbar völlig durch den Wind. Während unsere Maskenbildnerinnen eiligst ihr Bestes geben, erhalten wir bruchstückhaft eine Art Bericht zur Lage: Sie hat Angst, den eben errungenen Titel wieder zu verlieren. „Eine Intrige von Mitarbeitern, alles Intrige!" Wir verstehen nichts und ahnen Schlimmes.

In der Sendung bleiben ihre Beiträge fahrig und konfus. Da rettet sie auch der französische Akzent nicht mehr. Ist die Zukunft weiblich? – So hoffentlich nicht.

Beim Ausklang im Lokal erleben wir Jeanine Graf auf der dringenden Suche nach Tipps für einen Rechtsbeistand. In den kommenden Wochen wird die Preisgekrönte nicht nur uns, sondern der gesamten Medienzunft Zug um Zug suspekter: Der angebliche Doktortitel stammt von einer amerikanischen „Brentwick University", die bei Nachrecherchen in keinem offiziellen Verzeichnis zu finden ist. Zudem stammt Frau Graf nicht aus dem Land, dessen Zungenschlag sie bemüht. Statt aus Frankreich kommt sie in Wahrheit aus dem Libanon. Auch ihre Altersangabe, 29, hat sie wohl um ein paar Jahre auf jungdynamisch geschönt.

Der Spiegel meldet: „Entrepreneurin des Jahres fälscht Daten" und verweist darauf, daß auch die veröffentlichten Auftragslisten und Mitarbeiterzahlen nur einen latenten Bezug zur Wirklichkeit erkennen lassen. Wie stand nach der Auswahl durch die „hochkarätige Jury" im *manager magazin*: „Sie ist die

Frau, nach der alle suchen in der männerdominierten Welt der Informationstechnologie."

Jeanine Graf, eine Hochstaplerin? – Auf jeden Fall eine ganz besondere Blüte aus dem Biotop der New Economy. Die Staatsanwaltschaft ermittelt, und auch wir sind um eine Erfahrung reicher.

Wenn von absonderlichen Gästen die Rede ist, dann gehört der folgende zwingend dazu. Vielleicht war er in den rund 250 zurückliegenden Nachtcafé-Sendungen der absonderlichste überhaupt – und einer der liebenswertesten. Zumindest für mich, denn ich gestehe: Ich habe ein Herz für die Verrückten. Oder nennen wir es etwas korrekter und unverdächtiger: eine Schwäche für Exzentriker. Menschen, die es sich erlauben, ihre Spleens und Macken auszuleben, leben glücklicher – sagt zumindest die Wissenschaft.

Sein Name ist Programm: Hermes Phettberg ist eine monströse raumfüllende Erscheinung, die nur unter größter Mühe ihr derzeitiges Lebendgewicht von 155 Kilogramm zu seinem Platz in der Runde schleppt. Ein Extra-Sessel. Er ist Wiener und vereinigt in einer einzigen Person offenbar sämtliche Abgründe, die sich in der Donaustadt auftun lassen. Er sei „Österreichs schwul-

ster, masochistischster, gläubigster, verschuldetster und depressivster Gesprächskünstler", schreibt die Presse über ihn.

Als wir ihn einladen, hat er gerade eine überraschende kulthafte Moderatorenkarriere im Fernsehen hinter sich. Seine „Nette Leit Show" wurde einige Monate lang über 3sat auch in Deutschland ausgestrahlt. Die Vita davor liest sich eher wie eine Ansammlung von Entsetzlichkeiten: Als Pastoralassistent und gar als Bürobote war er gescheitert, ein sehr früher Frührentner, der seine Neurosen pflegte. Und jetzt: Hermes Phettberg, der Antityp als Medienstar.

„Sind Sie glücklich?" frage ich folgerichtig. „Todunglücklich!" Die These der Wissenschaft scheint schon mit der ersten Antwort in sich zusammenzubrechen. „Ich bin nicht arbeits-, nicht bindungs-, nicht lebensfähig..."

„Sie kokettieren ein wenig mit ihrem Außenseitertum..." „Ich bin wirklich elend, laßt mir wenigstens mein Unglück!"

Ich, ja ich, der Moderator, hätte es gut, sagt er an mich gewandt, ich sei wenigstens ein Doktor und wohl auch der Chef hier, das hätte er schon allein daran bemerkt, mit welch selbstverständlicher Autorität ich den kleinen Tisch vor der Moderationsrunde in die gewünschte Position geschoben hätte. Er selbst sei ein Nichts. Das wisse er definitiv schon, seit seine ersten Versuche eines Klimmzugs im Schulsport gescheitert seien: „Ich kann weder doktoren noch klimmen, noch schwimmen."

„Mein Regisseur war auch mein Herr", sagt er. „War", denn kurz vor unserer Sendung wurde seine „Nette-Leit-Show" überraschend abgesetzt. Hermes Phettberg, die Jahrmarktssensation der Intellektuellen, hatte ihren Dienst getan.

Und als er jetzt die ganze trost- und endlose Breite seines irdischen Unglücks auszubreiten beginnt – von der gescheiterten Psychoanalyse bis zum erdrückenden Schuldenberg, von seinen sexuellen Obsessionen bis zum deprimierend geringen Grad ihrer Realisierung –, da rührt sich Mitgefühl im Raum.

Nur der Psychiater, der glücklicherweise auch in der Runde sitzt, meint unbeeindruckt: „Ihm geht es doch ganz gut." – „Ja, ja, jetzt geht es mir gut, weil ich im Mittelpunkt stehe. Aber fragen Sie mich nicht morgen! Morgen, wenn ich in Wien bei meiner Wohnungstür ankomme, falle ich zusammen wie ein leerer Sack. Gleich im Eck, da bleib ich liegen. Bis die nächste Talkshow anruft, dann rappel ich mich wieder hoch und breite mein Elend wieder frisch aus..."

Der Mann kann nur ein Wiener sein. Hermes Phettberg hat ganz beiläufig eine Lektion in Sachen „Schmäh" erteilt. Unter besonderer Berücksichtigung seines unendlichen Unglücks.

Nina Hagen schön und schräg mit Wieland Backes

Heitere Herta: Herta Däubler-Gmelin und Wieland Backes

Grande Dame Olivia Jones (2,70 m mit Pumps) mit Bewunderer

Fußballstar Hansi Müller bei „Fußball lieben – Fußball hassen"

*Rotschopf und Werbeträgerin
Enie van der Meiklokjes
in der Sendung „Hobby"*

Mit Resten von
Haartracht:
Starfriseur
Udo Walz und
der Moderator

Suzie Q. = Susanne Karcher in »Grenzenlos geschmacklos –
Gesellschaft ohne Scham und Stil«, 1997

Fritz Rau, Isabel Varell, Cornelia Froboess, Marilyn Monroe und Andreas Lukoschik in „Stars – gemacht, verehrt, verheizt?", 1990

Wieland Backes – ein Portrait des Moderators
von Barbara Sichtermann

Wer die Entwicklung der Medien in den letzten anderthalb Jahrzehnten verfolgt, kommt an einem Resümee nicht vorbei: Es wird immer persönlicher. Sachthemen treten zurück – Leute und ihre Schicksale hervor. Und wenn Fragen von breiterem Radius doch behandelt werden, brauchen sie einen Aufhänger in Gestalt eines „human touch", einer Person, eines Gesichts, eines privaten Konflikts, um gehört zu werden. Sicher hat diese Wandlung mit dem wachsenden Gewicht des Fernsehens zu tun, das als optisches und plakatives Medium in erster Linie „über Menschen" funktioniert.

Man kann aus dieser Tatsache etwas machen. Wer beim „Menschen" anfängt, muß dort nicht stehenbleiben, wer eine Privatangelegenheit aufblättert, kann zu Kontexten von öffentlichem Interesse vorstoßen. In der Tat wird das Medium Fernsehen ungenügend bedient, wenn man es beim Allzumenschlichen beläßt, anstatt eine Brücke zum Allgemeinmenschlichen zu schlagen. Schwierig, aber möglich ist es, die Spannung zwischen Einzelfall und großem Ganzen, Intimität und Öffentlichkeit, Aktualität und Geschichte herzustellen und aufrechtzuerhalten. Daß so ein Spagat gelingen und mit guten Quoten belohnt werden kann, beweist im deutschen Fernsehen ausgerechnet ein Talkmaster, ein Fernsehmacher auf dem angeblich so weichen und unverbindlichen Terrain der Unterhaltung: Wieland Backes.

Sein Nachtcafé gibt es im SWR seit 15 Jahren – ungefähr genauso lange wie das Privatfernsehen und wie die mit ihm auf die Welt gekommene Tendenz zur Dominanz des Persönlichen. Dem öffentlich-rechtlichen Kulturauftrag und dem bekannt hohen Anspruch des schwäbischen Fernsehzuschauers verpflichtet, hat Backes von der ersten Stunde an aus seiner themenzentrierten Show mehr gemacht als bloße Plauderei: Debatte, Erzählung, Austausch, Verständnis. Ganz von alleine glückt so etwas nicht; die rare Alchemie, in der aus Reden Gold wird, muß eigens ins Werk gesetzt werden. Backes versteht es. Er schafft es nicht

in jeder Minute, aber in jeder Folge und oft ganz unvermutet, dem Talk eine Wendung zu geben, hinter der sich komplexe Wahrheiten befinden, doch auch manche Paradoxie und zuweilen die beklemmende Erkenntnis, daß die einfache Lösung eine Ausnahme bleibt und der Homo sapiens ein widersprüchliches Wesen. Dabei greift der Nachtcafé-Moderator seine Themen sämtlich aus dem vollen Leben: „Schwierige Lieben", „Kinder nach Maß", „Heute hier, morgen da – von Arbeitsnomaden, Stubenhockern und Weltbürgern", „Was ist Glück?", „Vatertöchter – Muttersöhne" oder „Eifersucht" – keine Absonderlichkeiten also oder freie Gedankenakrobatik, sondern Konfliktlagen, die fast jeder kennt, wenn nicht aus eigener Erfahrung, dann doch aus den Medien. Die Diskutanten halten sich, dank Backes' Regie, nie sehr lange in den Niederungen der alltäglichen Gewöhnlichkeit auf, sondern schwingen sich bald zu einer erregten Sinnsuche empor, wie es sie im Fernsehen selten gibt. Und wenn sie streiten, was auch vorkommt, tun sie es, weil es ihnen um die Sache geht.

Wer ist der Mann, der dieses Kunststück fertigbringt in einer Fernsehlandschaft voller Trash und Personalityshows, die schneller vergessen als produziert werden? Wieland Backes ist selbst genauso schwäbisch-anspruchsvoll wie die Zuschauer, für die er sein Nachtcafé macht, und die lauten, schrillen, schnellfertigen Formate, die seit dem „Urknall" von 1984, als das Privatfernsehen seine Frequenzen erhielt, Mode wurden, sind seine Sache nicht. Befragt, worauf er wohl die besondere Qualität seines Nachtcafés zurückführen würde, erklärt er: „Es ist immer noch faszinierend für uns Macher", womit er sich und seinen Mitarbeiterstab meint, der wichtige Vorarbeit leistet und dem er viel verdankt. Teamfähig ist er, und wenn er das nicht wäre, käme im Nachtcafé wohl kaum diese Differenziertheit, Klarheit und Dynamik des Gesprächs zustande, die ohne detaillierte Vorbereitung ausbliebe. Und immer noch selbst fasziniert von seiner eigenen Sendung ist er außerdem – was eine sehr wichtige Voraussetzung ist für das, was man in einem Medium „Glaubwürdigkeit" nennt. Man kann Fernsehmacher grob in zwei Gruppen unterteilen: Die eine gibt dem Publikum, was es angeblich haben will und macht den Clown oder den gravitätischen Anchorman – gerade so, wie sie glaubt, daß die Leute es erwarten. Die andere arbeitet zunächst mal entlang ihrer eigenen Neugier und Interessenlage, sie will sich auch mal überraschen lassen von der Inszenierung, die sie auf den Bildschirm bringt und vertraut darauf, daß das Publikum mitgeht. Diese zweite Gruppe, zu der Backes gehört, befreit das Medium immer wieder aus der Tretmühle der Selbstreferenzialität und beweist, daß man im Fernsehen auch argumentieren und etwas Neues wagen kann.

Drei besondere Eigenschaften sind es, die aus Wieland Backes einen so überzeugenden Moderator machen: Nachdenklichkeit, Gelassenheit und Charme. Diese Kombination ist ungewöhnlich. Nachdenkliche Menschen sind oft nicht besonders liebenswürdig, charmante Personen verlassen sich gern zu sehr auf ihre Ausstrahlung und geben sich in punkto Kohärenz ihrer Statements keine Mühe, und wer die Ruhe weg hat, dem fehlt manchmal die intellektuelle Konsequenz. Wenn in der Diskussion eine Unklarheit oder ein Kurzschluß passiert, so legt Backes den Finger drauf und verlangt Klärung. Geht die Debatte darüber hinweg, paßt sich der Moderator dem Strom zunächst an und läßt sich forttragen; kaum aber tritt die erste Zäsur ein, kommt er auf den wunden Punkt zurück und probiert erneut, ob hier nicht eine Lösung möglich sei. Dabei bewahrt ihn seine Gelassenheit vor jeder Art Übereifer oder Haarspalterei. Aber er hat es ja nicht nur mit Gedanken und Argumenten zu tun, sondern mit Menschen, die einander kaum kennen, aufgeregt sind und unbedingt in Gesprächslaune versetzt werden müssen. Natürlich hilft ihm seine Gelassenheit auch hier. Ohne seinen Charme aber käme er nicht weit genug. Glücklicherweise erzeugt sein gewinnendes Wesen eine Bereitschaft der Gäste, durch Konzentration und spritzige Formulierungen zum Gelingen der Sendung beizutragen. Dabei ist die Backessche Courtoisie immer zugleich augenzwinkernd und ernst, spielerisch und auf Distanz bedacht, ironisch und höflich. Aggressiv ist er nicht, aber er „stellt" Gesprächspartner, die ausweichen. Dominant ist er auch nicht, aber er kontrolliert sämtliche Gesprächsfäden, die während seiner Sendung gesponnen werden. Besonders eitel mag man ihn ebenfalls nicht nennen, denn seine Selbstinszenierung während der Moderation besteht in einer entschiedenen Selbstzurücknahme, während er zugleich wie ein gütiger Vater für seine Gäste sorgt, dafür, daß sie lange genug reden und zur Geltung kommen können. So ganz nebenbei behält er das große Ganze im Auge und achtet darauf, daß die Spannung nicht durchhängt, zugleich aber wohltuende Fermaten den Teilnehmern und dem Publikum Erholung von der geistigen Anstrengung bieten. Eine solche facettenreiche Strategie läßt sich nicht lernen und nicht planen. Da gibt es nur einen Schluß: Backes ist ein Naturtalent von einem Moderator.

Dabei wollte er ursprünglich Chemiker werden. Er studierte dieses Fach mit großem Interesse, bis er einsah, daß ein Chemielabor „nicht seine Baustelle" sein würde und zur Geographie überwechselte. In diesem Fach hat er einen Doktor gemacht, und zwar nicht bloß mit der obligatorischen schriftlichen Abhandlung, sondern auch mit einer filmischen: Das Thema „Lebensbedingungen in Ballungsräumen" bot sich für eine Analyse mit der Kamera unbedingt an, und da der Doktorvater einverstanden war, konnte der Promovent seine Thesen zur Zersiedlung des Raums um Stuttgart, zur Notwendigkeit von Wachstumsbeschränkungen und politischer Bürgerbeteiligung mit einer filmischen Dokumentation belegen. So kam Backes als Doktorand mit Kamera erstmals dem Medium nah, das später seine berufliche Heimat wurde und dem er mit seinem „Nachtcafé" einen der wenigen „Niveautalks" beschert hat.

Bevor es so weit war, arbeitete er als freier Mitarbeiter beim SDR, moderierte die Abendschau und leitete sie. Ende der achtziger Jahre übernahm er die Abteilung „Journalistische Unterhaltung" und beschäftigte sich mit Formaten, die, während sie

Festarrangement des Nachtcafé-Teams zur 100. Sendung: Lilly Rosenfeld, Friederike Barth (spätere Redaktionsleiterin), Brigitte Dimter (Redaktionsleiterin und Regisseurin), Beate Karch und Oda Mahnke.
Foto: Dietmar Henneka

amüsieren, zugleich informieren und, während sie den Leuten etwas Neues sagen, zugleich Spaß und Zerstreuung bringen. Wie man sieht, existierte die Notwendigkeit einer Koppelung von Spaß und Ernst lange vor der Erfindung des Infotainment; jeder, der für ein Massenmedium arbeitet, muß Wege finden, auf denen diese Koppelung schwerelos und selbstverständlich wirkt. Was Infotainment brachte, war eher die Tendenz zur Aufgabe des Info-Ballasts zugunsten des puren Halligalli – was einem Versagen vor den Möglichkeiten des Mediums gleichkommt. Daß Backes mit seinem Nachtcafé die Balance zwischen Unterhaltung (im schönsten Sinn) und Belehrung (im besten Sinn) so stabil hält, hat gewiß damit zu tun, daß er sich gleich zu Beginn seiner Fernsehkarriere mit dieser Balance befaßt hat.

Seine Verbindlichkeit ist ein Angebot, kein Vorab-Kompromiß. Ist der Gesprächspartner störrisch oder faul, pufft ihn der Talkmaster mit Worten in die Seite oder sogar unters Kinn. So sehr er sich auf seine Gäste einstellt, er unterwirft sich ihnen nicht. Seine Konzilianz ist eine professionelle Attitüde, die es ihm und der Runde zunächst einmal erleichtert, Vertrauen zu schöpfen. Wird aber dieses Vertrauen enttäuscht, indem etwa ein Talkgast sich bockbeinig stellt oder ausweicht, reagiert Backes mit verbaler Schärfe. Auch als Provokateur wahrt er den Takt. In der Sache jedoch duldet er keine Manöver. Seine verbalen Attacken können in einen unerwarteten Sarkasmus ausarten – immer unterstellt, daß die Kontroverse es wert ist. Und so wäre die Charakterisierung des Moderators und Fernsehmachers Backes als Schöngeist und ewiger Gentleman nur die eine Seite der Medaille. Er kann auch anders – im „Apparat" der Anstalt und vor der Kamera.

Die Umstellung auf drei Sendungen im Monat, eine Output-Erhöhung um 50%, hat ihn und sein Team zwischen rosigen Erwartungen und bösen Befürchtungen hin- und hergerissen. Man kennt das ja: Kaum gibt es in der Wüste des immergleichen TV-Talks mal ein Talent oder eine Version mit Eigenart, die ankommt, werden solche Hoffnungsträger wieder und wieder an die Rampe geschickt, bis sie leergelaufen und verschlissen sind. Das sollte dem Nachtcafé nicht passieren.

Backes wußte, wie er es verhindern konnte – im Grunde ist es einfach. Man muß darauf achten, daß die Qualität nirgendwo zurückgeht, weder bei der Themenwahl und beim Casting der Gäste, noch bei der Vorbereitung und Durchführung, daß die Sorgfalt nirgendwo einbricht, daß jede Sendung ein Solitär bleibt: mit einem interessanten Thema („... an den Fragen der Zeit dranbleiben ..."), mit ungewöhnlichen Gästen, einer anregenden Mischung aus Prominenz jenseits des Pools der „üblichen Verdächtigen" und Leuten wie du und ich. Um diese gleichbleibende Höhe des Niveautalks zu garantieren, hat Backes sein Team vergrößert: 15 Mitarbeiter tragen jetzt Verantwortung. Er hat die Leitung der Abteilung „Journalistische Unterhaltung" abgegeben, um sich ganz der Moderatorentätigkeit zu widmen. Er hat darauf geachtet, daß es bei der Revue der Kurzzeit-Prominenz, der Thematik, die den flatterhaften Zeitgeist auch nicht immer ignorieren kann, dennoch Kontinuität gibt. Trotz mancher Widerstände ist die Lobby des Favorite-Schlosses zu Ludwigsburg Ort des Talks geblieben. Sogar die Sessel stammen noch aus der Anfangszeit. Das wichtigste aber ist das Konzept, das sich nicht geändert hat und durch seine unnachahmliche Ver-

Wieland Backes und Sylvia Storz, seit 1998 Redaktionsleiterin des Nachtcafes

schränkung von Erzählen und Erörtern besticht. Im fliegenden Wechsel der Images und Formate setzt Backes auf Beständigkeit: „sich selbst treu bleiben", das findet er wichtig, und daß er es schafft, wird ihm von Zuschauerseite bestätigt. Die Quoten sind nach der Umstellung auf dreimal pro Monat sogar um 20% angestiegen, und das macht ca. 100 000 Zuschauer mehr. Und bei Umfragen, die auf die Beliebtheit unserer TV-Matadore zielen, erhält Wieland Backes gute Werte. Jetzt endlich bekommt er auch von den Spitzen der Senderhierarchie die Unterstützung, die er in den ersten Jahren schmerzlich vermißt hat.

Ist er auch nach fünfzehn Jahren kein bißchen müde? Nein, Wieland Backes hat nicht die Absicht, aus dem Feld zu gehen und etwas ganz anderes anzufangen. Sein Nachtcafé ist nicht nur gut besucht, es ist auch voller Vitalität, weil nicht nur die Zuschauer gern einschalten, sondern auch die Gäste freudig mittun, denn sie wissen: In Ludwigsburg werden sie nicht vorgeführt oder abgekocht, sondern vorgestellt und angeregt; hier geht es nicht um die schnelle Pointe und die höhnische Witzelei, sondern um Hintergründe, bei deren Durchleuchtung sie dabeisein möchten. Im Grunde ist der Backes-Talk ein intellektuelles Abenteuer, denn es gilt das gesprochene Wort: die kühne Behauptung, die verstiegene These, die schüchterne Frage, die besondere Erfahrung, aus der jemand klug wurde. All dies wird hier vor die Kamera gehalten, betrachtet, bestätigt, verworfen, belacht. Daß die Leute dabei auch gestikulieren und die Augen verdrehen, daß fast immer eine schöne Dame aus der glamourösen Welt des Pop oder des Films für Flair sorgt, versteht sich, schließlich sind wir im Fernsehen. Aber entscheidend ist die Optik nicht. Worauf es ankommt, sind die Gedanken. Und siehe da, er macht den Leuten Spaß, der Niveau-Talk.

So kann man Wieland Backes glauben, wenn er sagt, daß er aus seiner Arbeit einen Großteil der Impulse und Anreize zieht, die er für sein Privatleben braucht – Hobbys sind gar nicht mehr nötig. Er hätte dazu auch kaum Zeit. Dennoch ist er kein purer Workaholic, der nichts kennt als seine Sendungen. Die Literatur ist wichtig für ihn – aber nicht als Zeitvertreib, eher als Anliegen. Aus seinem Studium, in dem er für Bürgerbeteiligung in der regionalen Politik eintrat, ist ihm ein Engagement geblieben, das ihn jetzt dazu bewog, bei der Planung und Errichtung des Stuttgarter Literaturhauses mitzuwirken. Überhaupt die Künste. Sie spielen eine große Rolle in Wieland Backes' Leben; heute noch tut es ihm leid, daß er kein Instrument spielt und nicht malen kann. „So wurde es dann die Kamera", mittels derer er sich ausdrückt.

Seine Geduld und seine Einfühlung qualifizieren ihn zum Lehrer. 1946 geboren, tritt er allmählich in ein Alter ein, in dem man Erfahrungen weitergeben möchte. Daß es um die Ausbildung des TV-Nachwuchses besser bestellt sein könnte, findet er auch. Die Lehre reizt ihn, er hat auch schon als Moderatorentrainer gearbeitet. Aber es ist natürlich die Frage, ob das, was ihn ausmacht, der erwähnte Dreiklang aus Intellektualität, Ruhe und Herzlichkeit, als eine Art Lehrgut aufbereitet und vermittelt werden kann. Wahrscheinlich kommt es darauf gar nicht an. Fragetechniken lassen sich lernen, auch die Kunst des Verknüpfens scheinbar disparater Gedankenstränge und schließlich die Geschicklichkeit im Aufschließen eines Gesprächspartners: daß er aus sich rausgeht, mitspielt, auspackt. Backes macht das auf eine gut lehrbare, lernbare, nachvollziehbare Weise. Er offeriert seinem Gesprächspartner eine Version: „Könnte es sein, daß Sie ...". Dabei verrät er durch einen Augenaufschlag und einen kleinen Bruch in der Stimme, daß er sich der Eventualität seiner These voll bewußt ist und daß er dem Gast Widerspruch und Zurückweisung keineswegs übelnehmen würde, ja, sich sogar darauf einstellt. Diese Art mimischer Kommunikation ist das A und O für einen Talk-Moderator; sie ist analysierbar und also auch adaptierbar. Allerdings besteht bei der Person Wieland Backes der starke Verdacht, daß es sich bei ihm um – ich sagte es schon – ein Naturtalent handelt und somit um einen Showman, der, wie der Akteur in Kleists „Marionettentheater", in dem Moment, in dem er weiß, was er tut, seine Geschmeidigkeit und seinen Zauber einbüßt – so daß man sich Backes als Lehrer nur mit gemischten Gefühlen vorstellen mag. Allerdings wäre er mit Sicherheit furchtbar nett zu seinen Schülern. Es sei denn, einer stört den Unterricht ...

Als bekannte Fernsehnase könnte Backes auf allerlei Prominentenkarussells mitfahren – aber das macht er nicht, und man gibt ihm spontan hundert Pluspunkte dafür. Er wollte es nicht, und er bemühte sich darum, daß er, so gut es geht, fern von Klatsch und Krisen des Betriebs bleibt. Ganz allein hätte er's vielleicht nicht geschafft – seine Frau und sein Mitarbeiterstab sorgten energisch dafür, daß er die Bodenhaftung nicht verlor. Seine Kinder, sagt er, ein 20jähriger Sohn und eine 17jährige Tochter, sollten „normal" aufwachsen. Dafür verzichtete er ohne Bedauern auf den Hautkontakt mit der Glitzerwelt rund um TV-Berühmtheiten.

Bleibt eine gewisse Sorge um die Entwicklung des Fernsehwesens. Abgeschreckt vom Siegeszug der Oberflächlichkeit und der schnell verderblichen Pseudo-Sensationen bilanziert Backes: „Ich produziere inzwischen mehr Fernsehen, als ich schaue." Dennoch: Niemand, weder Zuschauer noch Kritiker, noch Fernsehmacher, kommt am Mainstream vorbei. Man muß ihn zur Kenntnis nehmen, man wird von ihm beeinflußt, ob man will oder nicht. Er ist auch nicht in all seinen Äußerungsformen auf dem Weg in den Abgrund; außer dem Nachtcafé haben die letzten anderthalb Jahrzehnte noch allerlei andere kleine Wunder hervorgebracht. So den dadaistischen Late-night-Talk eines Harald Schmidt, die deutschen Krimi-Erfolge in der Tatort-Reihe und den Comedy-Durchbruch mit „Samstag Nacht". Es gibt Gründe, auch mit Hoffnung und Erwartung in die deutsche Fernsehzukunft zu blicken. Vor allem, wenn man auf sie einwirken kann. Die besten Chancen dazu haben die Macher selbst, denn sie können „anderes Fernsehen" liefern und so der Routine etwas entgegensetzen, das abweicht, das hervorsticht. Das Nachtcafé des Wieland Backes ist so ein eigenwilliges, inhaltsreiches, anregungsstarkes Programm. Es ermöglicht der Kritik, das Wort „Kultur" in Zusammenhang mit Fernsehen und sogar mit der Talkshow ganz selbstverständlich in den Mund zu nehmen.

Wer sich in Familie begibt...

Kinder: Auf keinen Fall – um jeden Preis

„Das Private ist das Politische". Eine These aus den Jahren der Studentenrevolte. Kein Themenfeld im Spektrum unserer Sendungen demonstriert ihre Richtigkeit wohl deutlicher und zugleich deprimierender als das folgende:

„Wer sich in Familie begibt, kommt darin um." Der Satz stammt zwar von einem Österreicher, dem Wiener Schriftsteller Heimito von Doderer. Aber es scheint, als hätten ihn in den letzten Jahrzehnten auch Millionen Deutsche als Warnung stillschweigend zur Kenntnis genommen und vorbeugend beherzigt. Das kleinste gesellschaftliche Biotop in unserem Land, in der Mindestbesetzung „Vater, Mutter, Kind", leidet unter massiver Auszehrung. Die Geburtenraten sinken unaufhörlich weiter, obwohl wir ohnehin schon längst zu den letzten in Europa zählen. Jede dritte Frau des Jahrgangs 1965, so viel steht für die Bevölkerungswissenschaftler fest, wird ohne Kinder bleiben.

Dabei wünschen sich die meisten Deutschen Kinder. Doch noch ausgeprägter als der Wunsch ist der Hang, die Einlösung immer wieder und immer weiter zu verschieben – in Richtung Sankt Nimmerlein.

Akif Pirincci gehört nicht zu dieser Sorte Mensch. Der Schriftsteller türkischer Abstammung war sich schon immer sicher: Kinder kommen für ihn nicht in Betracht. Andere Dinge im Leben sind ihm wichtig: Schreiben zum Beispiel. Und mit seinem Katzen-Thriller „Felidae" hat er Ende der achtziger Jahre schließlich auch die Früchte dieser Prioritätensetzung ernten können: einhalb Millionen verkaufte Bücher und Übersetzungen in 17 Sprachen.

Ein Herz für Frauen besitzt Akif Pirincci durchaus. Aber Kinder?

Unsere Suche war lang und mühsam. In einem Land, in dem eine so geringe Neigung zum bewußten Zeugungsakt besteht, müßte sich doch um Himmels willen jemand finden lassen, der Kinder ablehnt und bereit ist, dies auch öffentlich zuzugeben. Ein einziger besitzt schließlich den Todesmut, als Kinderhasser im Nachtcafé den Antihelden zu geben: Pirincci.

„Störfaktor Kind", die zu diesem Thema im Januar 1997 einberufene Gästeschar kommt eher wie eine Kongregation der Familienenthusiasten daher. Ein Vater von acht Kindern ist dabei und die amtierende Bundesministerin Claudia Nolte, ein Name, der inzwischen fast schon wieder vergessen ist. Akif Pirincci bleibt vom kinderfreundlichen Grundklima der Sendung völlig unberührt: „Im Grunde genommen bin ich natürlich kein Kinderhasser", beginnt listig seine sarkastische Suada, „ich kann Kinder nur nicht ausstehen. Das heißt, sie stören mich einfach. – Also, mich beeindruckt nicht einmal mehr die Mondlandung. Warum soll ich einem Kind zuhören, wie es von eins bis zwanzig zählt? Ich kann mich mit Kindern nicht intellektuell austauschen, und insofern: Ich kann mit ihnen nichts anfangen. – Und Kinder haben noch einen anderen Aspekt: Sie schreien. Und ich schreibe, höre gerne leise Musik, überhaupt bin ich sehr geräuschempfindlich ... Letzten Endes möchte ich keine Kinder haben." Dann doch lieber Tiere. Die Vorteile liegen für den Katzenautor auf der Hand: „Katzen sind viel angenehmer. Man kann sie streicheln, aber man muß sie nicht in die Schule fahren."

Gut vier Jahre vergehen. Trotz unserer vielfältigen ermunternden Beiträge im Nachtcafé ist die Geburtenrate ungerührt weiter abgesunken. Die Familienpolitik blieb im wesentlichen, das, was sie war, ein vortrefflicher Stoff für Sonntagsreden. In einem Bericht der Bundesregierung werden Kinder als häufigste Ursache für Verarmung angeführt. Nicht gerade ein Stimulans. „Deutschland ohne Kinder" lautet die finstere Vision und unser Thema im Mai 2001. Wieder sitzt eine Familienministerin in der Runde. Andere Partei, anderer Name: Ob man sich in ein paar Jahren noch an Christine Bergmann erinnern wird, muß sich erst noch herausstellen.

Wir erinnern uns an Akif Pirincci, den Kinderhasser. Wir rufen an und erfahren Ungeheuerliches: Der Erfolgsschriftsteller kann inzwischen einen weiteren Erfolg vorweisen, auf anderem Terrain: Er ist Vater geworden.

Keine zwei Wochen nach seinem Nachtcafé-Auftritt von 1997 hat den Kinderfeind das Schicksal ereilt: Von Panik gezeichnet teilt ihm seine Freundin mit, daß sie schwanger sei. Ein Drama bahnt sich an: Vorwürfe, Beleidigungen, sinnlose Sitzungen in Schwangerschaftsberatungen, Tränen über Tränen, gräßliche Szenen spielen sich ab, aber die Freundin bleibt entschieden. Und Akif Kinderhasser wechselt erst zögerlich und peu à peu, dann mit wehenden Fahnen das Lager.

Auf diese Weise hochqualifiziert sitzt er jetzt zum zweiten Mal im Nachtcafé, als Kinderenthusiast. Sohn Sedrick, mittlerweile schon dreieinhalb, ist – um es maßvoll auszudrücken – Papas Augapfel und das schon, seit dieser ihn zum ersten Mal erblickte: Damals im vierten Monat, im Ultraschall: „Und dann habe ich dieses Foto gesehen, diese Ultraschall-Aufnahme und habe festgestellt, ich alter Narziß: Der hat meine Nase. Das bildet man sich so ein. Der hatte natürlich überhaupt nicht meine Nase. Aber ist ja egal! So hat es angefangen, und heute kann ich ohne dieses Kind nicht mehr leben, ich bin süchtig nach ihm ..." Was um Himmels willen ist mit diesem Mann nur passiert? „Das ist eigentlich ein ganz billiges biologisches Programm, das kann man als Chip in jeden Taschenrechner einbringen: Sobald das Kind da ist, funktioniert man ganz anders. Das Kind macht ‚Bäh' oder so. Da denkt man, ach Mensch, Wahnsinn, das ist ja ein Genie!" Natürlich sieht Akif Pirincci sein früheres solistisches Schriftstellerleben heute in ganz anderem Licht: „Früher habe ich immer gedacht, ich bin so ein Schriftsteller im Elfenbeinturm, schreibe so im Kerzenschein, höre mir dabei Mozart an ... Aber, so habe ich in Wirklichkeit nie gelebt. Ich war ständig in Kneipen und habe mir einen angesoffen. Es ist erstaunlich, wie das aufgehört hat. Ich schlafe immer mit dem Kind zusammen. Wir erzählen uns gegenseitig Geschichten. Er kann ja inzwischen sprechen und sagt mir ganz tolle Sachen. Wir gehen zum Beispiel im Regen spazieren, und er fragt mich: ‚Papa, wer macht den Regen?' Und dann sag ich: ‚Der Gott'. Da sagt er: ‚Wo wohnt Gott.' Da sage ich: ‚Im Himmel.' Da fragt er: ‚Ist Gott tot?'" – Stolze Väter haben nicht selten Philosophen als Söhne.

Ich verabschiede den spätberufenen Kinderfreund mit der Frage nach möglichen weiteren bevölkerungspolitischen Aktivitäten. Da rührt sich bei dem Mittvierziger heftiges Bedauern, erst so spät in die neue Rolle geschlüpft zu sein. Akif Pirincci, Vater – und Kind seiner Zeit.

Rare Güter, so sagen es die Gesetze des Marktes, werden in ihrem Wert meist überhöht. Die Mangelware Kind, dieses oft singuläre Familienprojekt, muß dabei nicht nur mit der geballten Zuwendung der Eltern rechnen. Ganze Scharen von Omas, Opas, Tanten und Onkels – Zeugen einer reproduktionsfreudigeren Zeit – stehen einer hoffnungslosen Minderzahl von liebbaren Objekten gegenüber. Da gerät schon der Empfang eines mittelprächtigen Halbjahreszeugnisses leicht zur Oscar-Verleihung.

Noch höher, weitaus höher, steigt der Wert, wenn Kinderwünsche aus biologischen Gründen nicht in Erfüllung gehen. Eine absurde Situation: Viele Paare entscheiden sich am Ende nicht für ein Kind, aber die, die entschieden sind, wollen es oft um jeden Preis.

Die Reproduktionsmedizin, die sich mit der Gentechnologie im Handgepäck immer dichter auf ethische Grenzen zubewegt, nährt auch hierzulande eine stetig wachsende Medizinerzunft. Zweimal haben wir uns im Nachtcafé diesem Thema gestellt, und beide Male war es für mich wie ein Besuch in Frankensteins Welt. Samenampullen, Spenderprofile, In-vitro-Fertilisation und Präimplantations-Diagnostik – allein schon die Begriffe sind dazu angetan, auch die letzte Erinnerung an die gefällige althergebrachte Methode auf einen Schlag auszulöschen. Sechsmal und mehr unterzogen sich Frauen, die im Nachtcafé berichten, der wenig erquicklichen Prozedur von Eientnahme, Befruchtung im Reagenzglas und Reimplantation der Embryonen. Sie erzählen von der grausamen Zeit wochenlangen Wartens, von ihren Hoffnungen und Enttäuschungen. Was wäre hier angebrachter als entsetztes Kopfschütteln – wenn es da nicht noch einen anderen Eindruck gäbe: das strahlende Glück derer, die mit medizinischem Beistand nach allen Qualen doch noch Mütter wurden.

Die Sensationsnachricht ging um die Welt und wurde von der Öffentlichkeit mindestens so begierig wie entsetzt aufgenommen: „62jährige Italienerin brachte gesundes Kind zur Welt". Der römische Frauenarzt Severino Antinori, ein Mann mit ausgeprägtem Hang zur Öffentlichkeitsarbeit, hat den fragwürdigen Fruchtbarkeitszauber fertiggebracht und damit fast die gesamte Fachwelt empört. Der Dottore hatte, was in Deutschland verboten ist, einer Frau im besten Großmutteralter das Spenderei einer jungen Frau implantiert, das zuvor mit dem Samen des Ehemannes der damals 61jährigen befruchtet war. Auf gutes Gedeihen und schlußendlich mit Erfolg.

Rosanna Della Corte heißt die sehr späte Mutter. Als wir unsere Sendung planen, liegt die Schocknachricht bereits etwa sechs Jahre zurück. So alt müßte jetzt also auch das Kind sein – und seine Mutter 68. Über Mittelsleute in Italien finden wir Kontakt. Rosanna Della Corte und Ehemann Mauro kommen ins Nachtcafé.

Wie verbissen muß eine Frau sein, die sieben Versuche von

Rosanna und Mauro Della Corte

Antinoris Reproduktionskünsten über sich ergehen ließ? Siebenmal mußte eine gespendete Eizelle befruchtet und implantiert werden. Endlose Pendelfahrten zwischen dem Heimatort der Della Cortes und Antinoris Praxis in Rom, stets begleitet vom geduldigen und stillen Mauro, dem Ehemann und potentiellen Vater, und immer nur ein Ziel vor Augen: Ich will ein Kind.

Die Vorgeschichte des Paares läßt manches verständlicher erscheinen: Erst mit Ende 30 hatte Rosanna den Landwirt Mauro geheiratet. Mit 42, auch damals schon spät, bringt sie ihr erstes Kind zu Welt. Riccardo wird ihr ein und alles. Mit 17 stirbt er bei einem Verkehrsunfall.

Rosanna Della Corte kann diesen Verlust nicht verwinden. Er bringt sie an den Rand des Wahnsinns. Don Lucio, der Ortspfarrer, bietet dem verzweifelten Paar seine Hilfe an. Doch die Suche nach einem Adoptivkind endet ergebnislos. Überall Ablehnung: Die beiden sind zu alt.

Da führt ein Bericht in der Regenbogenpresse die gebrochene Frau auf die Spur von Doktor Antinori und zu neuer Hoffnung. – Alles verständlich, denke ich nach Durchsicht meiner Unterlagen – aber trotzdem ...

Und dann stehe ich Rosanna Della Corte gegenüber: eine einfache, warmherzige Frau und – keine Frage – eine sehr glückliche Mutter. Noch bevor wir die ersten Sätze tauschen, sehe ich mich meuchlings von sämtlichen Vorurteilen entwaffnet. Würde sie es aus heutiger Sicht noch einmal probieren? Ihr klares „Ja" schließt jeden Zweifel aus. „Wissen Sie, ich hätte es damals, mit 62 Jahren eigentlich nie gemacht. Aber, als mein erster Sohn bei einem Verkehrsunfall starb, da starb ich mit. Doktor Antinori hatte zuvor schon einer 52jährigen Frau zu einem Kind verholfen. Er ist ein wunderbarer Mann, ein Wissenschaftler. Er sagte, ich bin eine sehr gesunde Frau, ich kann es schaffen. Beim ersten Mal hat es gleich geklappt. Aber nach 40 Tagen kam es zu einer Fehlgeburt. Und dann haben wir sechs weitere Versuche gebraucht. Und als es soweit war, als ich das Kind im Bauch spürte, da konnte ich es erst gar nicht glauben."

Riccardo der Unglaubliche, bin ich versucht, das späte Glückskind so zu nennen, denn der Nachgeborene trägt bedeutungsschwer den selben Namen wie sein verunglückter Bruder. „Riccardo grande", wie die Mutter zur Unterscheidung sagt. Ob der kleine Prinz auch gutgeraten sei, will ich wissen: „Benissimo! Er ist wunderschön. Er ist wirklich das Allerschönste, was wir im Leben haben." Ist sie nicht zu alt für ein kleines Kind? Wird sie nicht für die Großmutter gehalten? „Nein, ich bin nicht alt. Ich bin jung und stark", erwidert sie mit einem Strahlen, das zur journalistischen Kapitulation einlädt. „Alle sagen, ich bin eine Mutter, keine Oma." Aber wie lange wird sie, realistisch gesehen, ihr Kind noch durchs Leben begleiten können? „Vielleicht wird sie das Ende seiner Schulzeit nicht mehr erleben oder seine Hochzeit zum Beispiel...? „Ich hoffe, daß mir der Herr die Kraft dazu geben wird, mein Kind selbst großzuziehen." Rosanna Della Corte ist eine gläubige Frau. Mit „Herr" meint sie zumindest in diesem Fall Gott, nicht Doktor Antinori.

Letzterer hat unterdessen seine Versuche, dem Schöpfer nachzueifern, weiter intensiviert. Jetzt hat er das Klonen menschlicher Embryonen im Visier.

Eine Betrachtung heutiger Familien erscheint dagegen zunächst wie der Blick auf ein Idyll. Ein trügerisches Bild. Schon ein kleines Defilee einschlägiger Nachtcafé-Themen aus eineinhalb Jahrzehnten holt einen in die rauhe Wirklichkeit zurück: „Patient Familie", „Familie im Abseits", „Auslaufmodell Familie?", „Familie in der Zerreißprobe". Eines signalisieren diese Titel gewiß nicht: Zuversicht.

Vermutlich existiert hierzulande kein weiterer Politikbereich, in dem Reden und Handeln so beschämend weit auseinanderklaffen wie in der Familienpolitik. Mit wertkonservativem Pathos überhäuft, umrankt von einer Gloriole schöner Worte und ansonsten faktisch ignoriert, driftete die Keimzelle des Staates ins gesellschaftliche Abseits.

Die Bildungsexpansion, der Aufbruch der Frauen, veränderte Arbeitswelten und sich wandelnde Moralvorstellungen, kaum etwas davon fand seinen familienpolitischen Niederschlag. Kein Land in Europa hat die altväterliche Hausfrauenehe als alleinseligmachende Familienform so lange so hochgehalten wie die Bundesrepublik.

Nicht alle, aber viele Kümmernisse heutiger Familien stehen damit in Zusammenhang: die atemberaubend niedrigen Geburtenraten allemal. Sie sinken weiter, während sie bei einem Teil unserer Nachbarn wieder ansteigen. „Politik kann zum Glück keinen Kinderwunsch erzeugen", schreibt Susanne Mayer in der „Zeit", „aber sie muß eine Landschaft schaffen, in der mit Kindern gut leben ist."

Mit Kindern gut leben. Für Susanne Ott zum Beispiel ist dieses Ziel ein Lebenstraum. Um ihn zu verwirklichen, hat sie sich alles andere als geschont. Und trotzdem erscheint er ihr noch immer unfaßbar fern.

Ich begegne dieser Frau im März 2002. „Läßt uns der Staat im Stich?" lautet das Thema. Susanne Ott ist Mutter von zwei Söhnen. Sie sind jetzt 10 und 13 Jahre alt. Als sie vor einem Jahrzehnt zum zweiten Mal schwanger wurde, stieß sie bei ihrem Mann auf harsche Ablehnung. Doch sie wollte das Kind. Die Ehe zerbrach.

„Ab diesem Augenblick hat mich mein Mann zu seiner Feindin erklärt." Was sich hinter diesem Urteil verbirgt, ist das Szenario eines Alptraums.

Mit der Trennung stellt ihr Mann sämtliche Zahlungen ein. Als Unternehmer hat er die Möglichkeit, seine Bezüge formal so stark zu reduzieren, daß er sich der Unterhaltspflicht entziehen kann. Um ein übriges zu tun, verkauft er schließlich seinen Betrieb an die eigene Schwester. Ein Zugriff auf irgendwelche Gelder besteht jetzt nicht mehr. Die Wirkung des Racheakts ist durchschlagend.

Susanne Ott fällt mit einem Neugeborenen und einem Kleinkind ins „soziale Netz". Der Fall ist tief. Für die Kinder springt glücklicherweise die „Unterhaltsvorschußkasse" ein, immerhin für die nächsten sechs Jahre. Für Susanne Ott selbst bleibt nur die Sozialhilfe.

Aber sie will diesen Zustand nicht, will wieder arbeiten, selbst für sich und ihre Kinder sorgen. Doch als sie ihre Berufstätigkeit als Sparkassenangestellte wieder aufnehmen will, wachsen ihr die Probleme erst richtig über den Kopf. Geeignete Kindergarten- oder Hortplätze für ihre beiden sind nicht zu finden. Trotzdem resigniert sie nicht. Sie legt selbst Hand an, gewinnt die Stadt als Unterstützerin und bereitet schließlich zusammen mit anderen Eltern dem Mißstand ein Ende: mit einem eigenen Kindergarten. Der Energieaufwand dafür ist beträchtlich, aber der Einsatz lohnt sich: Die Kinder sind jetzt gut untergebracht, und Susanne Ott kann ihre Arbeit in der Sparkasse – zum Glück hatte sie nicht gekündigt – wieder aufnehmen. Jetzt wird alles besser, denkt sie.

Aber ihre Einkünfte als Teilzeitkraft werden ab dem ersten Arbeitstag mit der Sozialhilfe gegengerechnet. Sie ist jetzt eine berufstätige Mutter mit eigenem Einkommen. Sie hat sich engagiert und gezeigt, daß sie sich nicht zu Lasten öffentlicher Kassen schonen will. Oft übersteigen ihre täglichen Belastungen die Grenzen des Erträglichen. Ihr Lebensstandard bewegt sich nach wie vor auf Sozialhilfeniveau.

Und mit Beginn der Einschulung ihrer Kinder stellt sich die Frage der Betreuung erneut und verschärft. Ganztagsschulen sind rar, meist privat und teuer. Der einen Überbrückungslösung folgt die nächste. Schulferien, Krankheitstage, jede kleine Ausnahmesituation schafft Probleme und wirft die Frage auf, wie lange der Arbeitgeber noch mitspielt. Seit Beginn der Pubertät mehren sich beim älteren Sohn die Schulprobleme. Ratlosigkeit und Momente der Verzweiflung machen sich breit.

Doch im Grunde bleibt Susanne Ott trotz allem kämpferisch. Als wir uns im Nachtcafé begegnen, gehört sie zur Gruppe alleinerziehender Mütter und Väter, die sich vor dem Bundesverfassungsgericht gegen eine neuerliche Zumutung wehren will: die Streichung des steuerlichen Familienfreibetrags für Alleinerziehende. In der Sendung hält sie eine Karte hoch. „Ich bin kein Single", ist da zu lesen. Vielleicht denkt sie manchmal: Es wäre besser.

Väter, Mütter, Töchter, Söhne

Folgenreiche Familienbande

Welcher psychologischen Schule man auch immer anhängen mag: Niemand bezweifelt die prägende Bedeutung der Seelenpakete, die uns von der Familie mitgegeben werden. Das Augenmerk, das den inneren Verhältnissen in diesem Organismus geschenkt wird, erscheint angesichts der weitreichenden Folgen erbärmlich bescheiden. Die meisten Familien geben sich wie ein hermetisch abgeschlossenes System. Wie es drinnen aussieht in den Hochburgen des schönen Scheins, wer weiß das schon. Oft gleicht die offizielle familiäre Selbstdarstellung eher einer Tarnübung, die höchstens ahnen läßt, wie traurig es in Wahrheit um das Innenleben bestellt ist.

Manchmal gelingt es uns im Nachtcafé, die Tür zur abgeschirmten Zone wenigstens einen Spalt weit zu öffnen. Das Publikumsinteresse an solchen Einblicken ist meistens außerordentlich groß, und ich vermute, daß dabei nicht einmal, wie man unterstellen könnte, voyeuristische Beweggründe die ausschlaggebenden sind. Wie andere mit ihren familiären Problemen und Zusammenhängen umgehen, das kann ein Stück Hilfe und Trost sein, wenn es um die eigenen Sorgen geht.

Im Gesamtbiotop „Familie" gilt das Teil-Biotop „Mutter-Tochter" als besonders heikles Subsystem. Sowohl die Intensität der Bindung wie die Bemühungen, dieselbe wieder loszuwerden, die Spannungsfelder zwischen Nähe und Distanz, Konkurrenz und Abgrenzung haben oft eine ganz andere Dimension als unter männlichen Familienmitgliedern.

Die Schauspielerin Eva Renzi ist ein Mensch, der mit normalen Maßstäben nicht zu erfassen ist. Zu der Zeit, als wir ihre Einladung ins Nachtcafé erwägen, eilt ihr ein Ruf voraus, der jeden Moderator hellhörig macht.

Anouschka und Eva Renzi in »Mütter und Töchter«, 1994

Man erinnert sich: Eva Renzi, das „Playgirl". So lautete der Titel des Films, mit dem 1966 nicht nur ihre Kino-Karriere begann, sondern der ihr gleichzeitig einen Stempel fürs Leben aufdrückte, einen, der ihr nicht gerecht wird. Ein Playgirl ist sie nicht, aber ein impulsiver Mensch, der wenig Bodenhaftung besitzt. Eine Erklärung dafür liefert sie schon in den ersten Minuten des Vorgesprächs: „Meine Mutter hat mich verlassen, als ich zehn war. Sie hat mich abgestellt wie einen Koffer. Ich war ein extrem ungeliebter Mensch. Es gab nur zwei Möglichkeiten für mich: entweder draufgehen oder stark werden."

Wenn das Scheidungskind Eva Renzi von Stärke spricht, spürt man rasch, wie viel Verletzlichkeit, welch auffällige Instabilität sich hinter diesem Gestus verbirgt. Ein Widerspruch, der sie durch ihr Leben begleiten wird.

Sie ist eine auffallend schöne Frau. Als sie ihren ersten Filmpartner Paul Hubschmid heiratet, ist sie 24 und er mehr als doppelt so alt. Eine Tochter bringt sie schon in die Ehe mit. Anouschka kam auf die Welt, als die Mutter 18 war. Doch mit dem Leben an der Seite des populären Schauspielers hadert Eva Renzi. 1973 packt sie ihre Sachen inklusive Töchterchen und reist für unbestimmte Zeit zum Baghwan nach Indien.

Jetzt, 21 Jahre später, sitzen Mutter und Tochter an der Nachtcafé-Bar, um über ihre Beziehung zueinander zu reden. Die Schauspielerin ist längst von Paul Hubschmid geschieden. Sie lebt in Paris und St.Tropez, was sich exklusiver anhört, als sie es sich in Wirklichkeit leisten kann. Denn die Rollenangebote für die Schwierige sind rar geworden.

Anouschka Renzi, zum Zeitpunkt des Zusammentreffens gerade 30, ist nach ihrer Internatszeit ebenfalls dem Schauspielberuf erlegen. Nach ein paar Bühnenengagements wurde sie schon in einigen Seifenopern gesichtet. Bei einer hat sie ihren künftigen nächsten Mann kennengelernt, den Schauspieler Jochen Horst. Eine frühbegonnene Ehe liegt bereits hinter ihr.

Schon im Vorgespräch mit Anouschka stehen die Zeichen auf drohendes Unwetter: „Ich will nicht zu weit gehen in manchen Dingen", nimmt die Tochter sich vor, „ich will Haltung bewahren. Aber ich kann die Sätze von früher einfach nicht mehr hören. Unsere Kämpfe gingen immer ganz hautnah. Da gab es eben nicht die typische Mutti zu Hause. Ihre ganzen Kräche, ihre Depressionen, all das blieb mir nicht erspart. Ich fühlte mich immer anders als andere Kinder. Eine richtige Kindheit habe ich nicht gehabt. Ein Leben lang hatte ich meiner Mutter gegenüber zwei Gefühle: Liebe und das Bedürfnis nach Flucht."

Jetzt, vor den Kameras im Schloß Favorite zumindest, widersteht Anouschka dem Fluchtimpuls. Sie selbst hatte ihre Mutter zur Teilnahme überredet, wohl auch der Medienpräsenz wegen. Doch die eingefahrenen Muster der Mutter-Tochter-Kommunikation lassen sich nicht unterdrücken. Es dauert nur wenige Momente, und ich fühle mich von unserer Bar an einen fernen Ort versetzt, zu Renzis nach Hause an den Küchentisch.

Uneins sind sich die beiden, um es gleich und etwas pauschal festzustellen, in nicht weniger als allen Punkten. Daß die Differenzen bis zu Fragen der geographischen Wahrnehmung reichen, übersteigt allerdings selbst meine Erwartungen. Anouschka will von ihrer Kindheit in Berlin erzählen. Die Mutter sagt: „Das kann doch nicht dein Ernst sein, du bist in Saint Tropez aufgewachsen." „Ich habe es aber ganz anders im Gefühl ..." „Nur die ersten zwei Jahre warst du in Berlin." „Nein!" „Na gut, okay, wie du willst ..."

Schmollend gibt Anouschka auf. Es wirkt so, als sei sie längst an solche Abläufe gewöhnt. Das ganze Drama dieser eigenwilligen Beziehung wird offenbar. In dieser Situation gibt es mir die überraschende Chance, die Gesprächszeit doch noch für weitere Aspekte zu nutzen.

Wie wichtig ist und war ihr ihre Tochter? Die allergrößte Rolle hat sie seit ihrer Geburt für die junge Mutter gespielt. Sie war der allererste Sinn, der Mittelpunkt. Auch diesen Punkt kann die Tochter nicht stehenlassen: „Ich habe nicht das Gefühl gehabt, daß ich der Mittelpunkt deines Lebens war. Der Mittelpunkt für dich warst immer du!" Die Stimmung einer späten Abrechnung greift um sich. Schon früh hatte Anouschka Renzi das Empfinden, mehr für ihre Mutter da sein zu müssen als umgekehrt. Die Ehe ihrer Mutter mit Paul Hubschmid verkommt schon bald zur bloßen Fassade. Dahinter nimmt die Tragödie beängstigend schnell Gestalt an, die Tragödie der Eva Renzi. Aber auch die einer Mutter-Tochter-Beziehung. Anouschka, als wichtigstes Gegenüber, wird durch diese Situation vollkommen überfordert: „Meiner Mutter ging es schlecht, und sie hatte eine sehr pessimistische Weltanschauung. Alles war schlecht und mies, alles nur bäh, bäh, bäh ..."

Das Hadern mit der persönlichen Krise vermischt sich bei Eva Renzi auf verhängnisvolle Weise mit modischen 68er Parolen. Ihre Tochter aber ist dafür alles andere als empfänglich. Sie wird in den folgenden Jahren, meist fern der Mutter, ihren eigenen holprigen Weg gehen. Und wer die bunten Blätter verfolgt, könnte das Gefühl bekommen, der Hang zu familiären Turbulenzen sei ein Genfaktor von beängstigend durchschlagender Dominanz.

„Und wie verstehen Sie sich heute?" lautet meine letzte Frage im Nachtcafé-Gespräch. Da blicken sich Mutter und Tochter tief in die Augen und beginnen schallend zu lachen. „Wechselhaft", schiebt Anouschka noch hinterher.

Der Nachtcafé-Gast Eva Renzi wird mir auch aus einem weiteren Grund unvergessen bleiben: Als nach dem Gespräch an der Bar die Diskussion unter den Teilnehmern in der Nachtcafé-Runde allmählich in Fahrt kommt, vermehrt sich unerwartet die Zahl meiner Gesprächspartner. Eva Renzi hat sich zu Füßen eines Rundengastes auf den Teppichboden gesetzt, um fortan von dieser Position aus weiter erregt mitzudiskutieren. „Sit-in" nannte man das früher. Damals, 1968. –

Im April 2000 richten wir den Fokus unseres Interesses erneut auf familiäre Bindungsstrukturen. Der Blickwinkel ist ein anderer: Vatertöchtern und Muttersöhnen soll dieses Mal unsere journalistische Zuwendung gelten.

Als die Redaktion ohne zu zögern gleich mit dem Namen Rudolph Moshammer ankommt, zucke ich förmlich zusammen.

Ausgerechnet dieses lebende Klischee eines Muttersohnes, dieses omnipräsente Mediengeschöpf sollen wir einladen? Schon sehe ich vor meinem geistigen Auge den Rolls Royce des Münchner Schneiders samt Chauffeur und unvermeidlichem Terrier Daisy unseren Schloßweg heraufrollen – und winde mich. Eigentlich müßte man von einer versierten Redaktion doch etwas mehr Einfallsreichtum erwarten können.

Manchmal gibt auch der Moderator überraschend nach. Moshammer kommt. Zwar hat sich sein Chauffeur trotz computergestütztem Navigationssystem noch etwas verfahren. („Nein, Ludwigsburg liegt nicht im Nordschwarzwald. Nein, nicht bei Freudenstadt!") Aber jetzt rollt der Royce, etwas verspätet, den Weg zum Schloß Favorite hinauf. Natürlich ist Daisy dabei, genauso verläßlich wie das lila Einstecktuch in des Modeschöpfers Brusttasche.

Moshammers enge Mutterbindung ist legendär, vielleicht sogar ein bißchen pathologisch. Dieser Mutmaßung hat er spätestens beim Ableben Else Moshammers 1993 entscheidend Nahrung gegeben. Auf dem Münchner Ostfriedhof ließ er, finaler Ausdruck seines Mutterkults, ein ausgewachsenes Mausoleum für die Verblichene errichten. Über die Gespräche, die Rudolph Moshammer am Grab mit seiner Mutter führt, erfahren wir aus der Boulevardpresse. Ein Buch über die wichtigste Herzensangelegenheit seines Lebens schreibt er auch darüber: „Mama und ich".

In der Sendung trifft er unter anderem auf Helga Breuninger, eine bekennende Vatertochter des Stuttgarter Kaufhausbesitzers, und auf Wolf Wondratschek, den Dichter, auf seine ganz andere Art nicht weniger schillernd und umstritten als sein Münchner Mitbürger.

Als Wondratschek im Vorfeld der Sendung von der Teilnahme Moshammers erfährt, signalisiert sein Mienenspiel nichts Gutes. Man spürt förmlich seine Lust, diesen Gast auf kürzestem Weg in seine Elementarteilchen zu zerlegen.

Jetzt, die Diskussion ist noch keine zehn Minuten alt, höre ich ihn zu meiner Verblüffung folgende Sätze sprechen: „Ich bin jetzt in einer mißlichen Lage. Ich wollte den Moshammer schlachten und bin in der schwierigen Lage, daß ich sehr gut verstehe, was Sie sagen ..." Einwurf Moshammer: „Das tut mir jetzt wirklich leid für Sie ..." Die Pointe amüsiert das Schloßpublikum. Der wache Wondratschek aber hat rasch gewittert, daß hier eine ungewöhnliche Vorstellung ihren Lauf nimmt. Hinter der Operettenfassade des medialen Selbstdarstellers ist unversehens der Mensch Moshammer sichtbar geworden.

Nein, das Klischee vom typischen Muttersohn könne er entgegen allen Erwartungen nicht erfüllen, sagt er. Ein Blick zurück in seine Kindheit mache das deutlich: Der Vater, Manager einer Versicherung, verliert, als Rudolph noch ein kleiner Junge ist, völlig unerwartet seine Stelle. Zahlreiche Versuche, irgendwo wieder beruflich Fuß zu fassen, scheitern. Das Problem wird für die Familie existentiell. Der Vater beginnt zu trinken, rutscht ab, wird depressiv und gewalttätig. Eines Nachts fuchtelt er vor dem Sohn mit einer Pistole herum, will der Schande ein Ende bereiten, sich und seine Familie auslöschen.

Die Not schweißt Rudolph und seine Mutter eng zusammen. Ein Überlebenspakt. Der Trennstrich zum Vater ist ihre einzige, die gemeinsame Chance.

Im Nachtcafé erzählt er: „Ich mußte mitkämpfen. Ich habe gespürt, wie meine Mutter psychisch und körperlich am Ende war, daß sie keine Kraft mehr hatte. Mit sechzehn begann ich zu arbeiten, Sachen zu regeln. Ich mußte meine Mutter schützen. Der Arzt hat gesagt, wenn Sie Ihre Mutter retten wollen, dann müssen Sie etwas tun. Da haben wir meinen Vater verlassen."

Das Schicksal des Vaters endet mit Suizid. Rudolph und seine Mutter aber gehen ihren weiteren Lebensweg gemeinsam, dicht bei dicht, 32 Jahre lang, bis zu ihrem Tod. Sie leben gemeinsam unter einem Dach. Sie bauen zusammen ein Modegeschäft auf und stehen gemeinsam im Laden. Bei keinem Empfang, den er besucht, darf sie fehlen. Die Mama – mit blauschimmerndem Haar – ist immer dabei. Die Schickeria schmunzelt und diagnostiziert einen Ödipus-Komplex von hohen Graden.

Im Nachtcafé erfahren wir vom Betroffenen eine andere und die vermutlich zutreffende Analyse: „Die Mama in meinem Leben war nie stark. Sie war nur stark an Liebe. Sie war nicht der General, wie manche andere Mütter, die ihren Söhnchen alles abnehmen und sie, wenn sie sterben, hilflos zurücklassen. Meine Mutter hat einmal gesagt: ‚Ich habe so eine Gunst gehabt im Leben, ich durfte mich immer anlehnen.' Diese Rolle hat sie genossen und damit auch andere stark gemacht, stark durch ihre Bewunderung."

Rudolph Moshammer, der Starke, muß wohl auf diese Weise seine heutige Kontur gewonnen haben, durch die chronische Bewunderung der Mama. Und zu deren Langzeitfolgen gehört eben auch eine gewisse Resistenz gegen das Empfinden von Peinlichkeit. Moshammers Auftritt bei der Grand-Prix-Vorentscheidung 2001 könnte dafür als exzellentes Beweisstück gelten. Aber ödipal ist das sicher nicht.

Der Dichter Wolf Wondratschek, der in dieser Sendung übrigens weder als Mutter- noch als Vatersohn eindeutig zu orten ist, sondern vor allem als Wolf Wondratschek, kommt nun auf ein Thema zu sprechen, das er eine „Gemeinheit des lieben Gottes" nennt: „Diese Gemeinheit könnte sich auch darin ausdrücken", meint er, „daß sehr oft die Eltern nicht mehr leben, wenn man endlich kapiert hat, was sie für einen getan haben."

Rudolph Moshammer hat es schon vorher gewußt. Und er hat es auch hinterher nicht vergessen: Im Mausoleum auf dem Münchner Ostfriedhof brennen Tag und Nacht 15 Kerzen für Mama. –

Helga Breuninger, die Tochter des Kaufhausunternehmers, hatte bis jetzt vor allem zugehört. Nun aber entwickelt sie mit großer Eindringlichkeit das Szenario ihres Lebens, des Lebens einer Vatertochter auf den zweiten Blick.

Heinz Breuninger, der Vater, ist in der Stuttgarter Kaufhausdynastie die Führungsfigur der dritten Generation. Reichlich mit schwäbischen Tugenden ausgestattet, hat er sein Unternehmen nach dem Krieg mit Zähigkeit und visionärer Kraft wieder zum ersten Haus am Platze gemacht.

Zu Hause gibt es außer Helga noch zwei Schwestern und Günter, den großen Bruder. Über die Frage, wer von den Kindern einmal die Nachfolge des alles beherrschenden Vaters antreten soll, fällt in der Familie kein Wort. Aber unausgesprochen ist in Heinz Breuningers Kopf längst alles geregelt. Günter, so intelligent wie sportlich, ein Leistungs- und Hoffnungsträger par excellence, ist der Auserwählte. Er stirbt mit 18 Jahren bei einem Lawinenunglück.

Helga Breuninger ist zu diesem Zeitpunkt 15 Jahre alt. Neben

Vatertöchter und Muttersöhne: Stella Maria Adorf, Wieland Backes, Dr. Helga Breuninger, Wolf Wondratschek, Dr. Heidi Möller

Trauer und Entsetzen beherrscht sie jetzt ein sicheres Gefühl: Ihre Rolle in der Familie wird sich ab sofort verändern.

Verträumt und nicht besonders ehrgeizig sei sie bis zu diesem Zeitpunkt gewesen, sagt sie. Die Aussicht aus dem Fenster auf die Blumen im Schulgarten habe sie mehr angezogen als die Perspektive, das Abitur zu bestehen. Nun, nach dem Tod des Bruders, schlagen sich die Veränderungen ihrer Person in geradezu symbolhaften Handlungen nieder:

„Es ist damals sehr still geworden in meiner Familie, auch emotional still, eine kalte Stille war in unserem Haus. Dann ist etwas Sonderbares mit mir passiert. Wenige Tage nach dem Tod meines Bruders bin ich an sein Instrument gegangen, eine Querflöte, habe das Instrument genommen, bin damit zu seinem Flötenlehrer gegangen und habe ihn gefragt, ob er mich unterrichtet. Ganz heimlich habe ich das getan. Und als alles geregelt war, habe ich es meinen Eltern erzählt. Das war für mich ein Stück Bewältigung, daß dieses Instrument nicht auch noch schweigt."

Ihr Ehrgeiz in der Schule nimmt zu. Doch gleichzeitig wachsen auch die Versuche der Tochter, dem allmächtigen Vater noch mehr zu gefallen und gerecht zu werden. Auch heute mischen sich bei ihr noch immer Ehrfurcht mit Bewunderung, wenn sie zum Beispiel sagt: „Wenn er ganz alleine sein riesiges Büro betrat, hatte ich das Gefühl, der Raum ist voll. Er war ein Mann, der mit seiner ungeheuren Präsenz einen ganzen Raum ausfüllen konnte."

In den Wettbewerb um die künftige Firmenleitung will sie sich nicht begeben. Heinz Breuninger war in der schwierigen Nachkriegssituation ein Studium verwehrt geblieben. Bei ihrer Studienwahl greift die Tochter jetzt nach Disziplinen, die dem Vater besonders am Herzen liegen: Volkswirtschaft und dann auch noch Psychologie. Augenzwinkernd erzählt sie: „Ich habe dann auch noch seine Lieblingsberufe geheiratet, einen Professor und einen Arzt."

Die Ehen haben keinen Bestand. Das Los der Vatertöchter? „Wahrscheinlich bin ich auch heute noch immer zu eng mit meinem Vater verbunden", sagt sie. –

Mit 59 Jahren wird Heinz Breuninger schwer krank. Obwohl der Vater längst in einer anderen Bindung lebt, erfährt die Intensität der Beziehung zu Tochter Helga in dieser letzten Phase vor seinem frühen Tod ihren Höhepunkt.

„Alleinerbin" lautet wenig später die neue Rolle. Dahinter allerdings verbirgt sich in Wirklichkeit ein kompliziertes Stiftungskonstrukt, das sie beim weiter wachsenden Kaufhausimperium mehr oder weniger zur Zuschauerin macht. Aber sie ist natürlich alles andere als mittellos. Ein Leben zwischen den Traumstränden und Golfplätzen dieser Welt, nichts wäre leichter für sie als das ...

Wenn da nicht der Vater wäre. Der Mann, der auch noch mehr als 20 Jahren nach seinem Tod die Maßstäbe setzt, denen sich die Tochter auch heute noch nicht entziehen kann.

Sie ringt der neuen Kaufhausleitung eine Stiftung ab, die sie in den Stand setzt, Projekte in der Wissenschaft und im Bildungsbereich zu fördern und in Gang zu setzen. Sie baut mit als Erste ein Existenzgründerzentrum auf und hilft vielen, die von Arbeitslosigkeit bedroht sind, beim Sprung in die Selbständigkeit. Sie lädt im Stile eines Salons zum Austausch in ihr offenes Haus, engagiert sich vielfältig für die Kultur in der Stadt, in der sie lebt. Und Golfspielen? Nun ja, auch zuweilen.

Manchmal scheinen es fast zu viele Einfälle und Gedankenblitze, die sich in ihrem Kopf lebhaft entwickeln und durchkreuzen. Und besonders, wenn Probleme auftauchen, wenn es eng wird, greift sie gerne auf Sätze ihres Vaters zurück. Und dann hat man gelegentlich das Gefühl, er wäre mit anwesend und füllte mit seiner ungeheuren Präsenz den Raum.

Auch die Vita der Vatertochter Helga Breuninger kommentiert der Dichter Wondratschek mit der ganzen Kraft seines lyrischen Vermögens: „Dieses Mädchen in der Schule", rekapituliert er, „dem das Abitur erst einmal egal ist, das den Blumen beim Wachsen zuschaut. Dieses träumerische Element, dieses nichts werden wollen – das hat sie in die Lage versetzt, etwas so sehr Richtiges zu tun, wie die Querflöte zur Hand zu nehmen. Sie sind ein so gesunder Mensch. Sie gehen nicht in Ihren Privatparks spazieren und rezitieren schlechte Verse, die Sie selbst geschrieben haben. Sondern Sie sind eine Poetin, weil Sie es haben sein lassen. Und Sie tun andere Dinge, und das finde ich sehr schön. Deswegen ist dieses Mädchen so wichtig, das den Blumen beim Wachsen zuschaut. Erst einmal hieß es, aus der wird nie etwas ... Das sind mir die kostbarsten Menschen."

Was immer den verbrieften Egozentriker Wondratschek zu diesem Ausbruch emotionaler Geberfreude getrieben haben mag: Unter des Dichters schmeichelnden Sätzen, so scheint es, verwandelt sich die gestandene Frau für wenige Augenblicke wieder zu dem kleinen Mädchen, von dem gerade die Rede war, zu einem, das den Blumen beim Wachsen zuschaut. –

Und Wondratschek, der Schwierige, wie hält er es mit seinen eigenen familiären Beziehungsgeflechten? „Lassen Sie mich in Ruhe!" opponiert er noch und zieht anstelle einer Antwort ein Stück Papier aus der Tasche. Ein Gedicht steht darauf, eines, das er für seine Mutter zum achtzigsten Geburtstag geschrieben hat. Der Geburtstagsfeier, dem Wiedersehen mit seinen Brüdern sei er ausgewichen, sagt er. Er nennt dieses Gedicht eine „Lizenz für mein Fernbleiben". Es heißt „Für meine Mutter".

Aus Cézannes Äpfeln hätte sie Apfelmus gemacht –
das alles beeindruckt sie nicht,
solange folgende Fragen ungeklärt sind:
wer kocht und wäscht und sorgt für mein Kind?
Das hat Vorrang vor aller Kunst.
„Wenn ich sterbe", schreibt sie, „was dann?"
Vom beigelegten Geld für ein gutes Essen
kaufe ich Zigaretten und Papier,
rauche und schreibe
und liebe sie.
Sie ist meine Bäuerin,
sie kennt die Absturzstellen
meiner Höhenflüge.
So müßte das Leben sein:
das Mißlungene vollenden
mit einem selbstgebackenen Kuchen.

Familiengeheimnisse

Worüber man nicht spricht

„Die Familie sollte ein Ort sein, an dem man bedingungslos angenommen wird, an dem ich alles sagen kann, an dem ich jede Antwort bekomme. Und weil wir wissen, daß die Familie eine solch starke Kraftquelle sein kann, deswegen wollen wir sie nicht verunreinigen. Das Leben bringt aber Dreck mit sich, Müll, der uns vergiftet. Diesen Müll müssen wir entsorgen, das heißt, wir müssen offen darüber sprechen. Aber viele wissen nicht, wie das geht."

Mit diesen Worten beantwortet die Wiener Psychotherapeutin Rotraud Perner im Juli 2001 meine erste Frage im Nachtcafé. Das Thema lautet: „Familiengeheimnisse – Worüber man nicht spricht". Und schon bei der Vorbereitung hat sich herausgestellt: Dies wird nicht die leichteste Übung meines Moderatorendaseins.

Eine erregte Grundsatzdiskussion bricht bereits in der ersten Redaktionssitzung los: Welche Themen sind im Rahmen unserer Sendung noch möglich, und welche verbieten sich? Welche Felder sollten für das Nachtcafé bewußt tabu bleiben, weil sie so sensibel sind, daß die Betroffenen in einer offenen Gesprächssituation vor Publikum unter Umständen Schaden nehmen könnten?

Wir sprechen über einen Bereich, dessen bloße Erwähnung bereits Beklommenheit auslöst. Es geht um Inzest.

„Worüber man nicht spricht..." Sexueller Mißbrauch in der Familie – sollen, können wir im Nachtcafé darüber sprechen? Es gibt wohl außer Mord kein Familiengeheimnis, das schwerer wiegt. – Wir beschließen die endgültige Entscheidung so lange zu vertagen, bis erste Rechercheergebnisse vorliegen. Vielleicht können wir klarer urteilen, wenn wir die Angelegenheit an einem konkreten Beispiel diskutieren.

Der Fall liegt auf dem Tisch. Und er macht die Entscheidung nicht leichter. Die Redaktion hat eine Frau ausfindig gemacht, deren Lebensgeschichte selbst die erfahrensten Mitglieder unseres Teams aufwühlt und entsetzt. – „Man wird uns Voyeurismus vorwerfen!" Die Bedenken sind ernst zu nehmen. Als wir uns schließlich gemeinsam doch für die Einladung entscheiden, weiß ich, daß diese Gratwanderung auch mich besonders fordern wird. Nur wenn es mir gelingt, ein sensibles Gesprächsklima zu schaffen, die richtige Tonlage zu treffen, können wir das Ziel erreichen, eine heikle Materie zu transportieren und gleichzeitig unseren Gast vor weiteren seelischen Erschütterungen zu schützen.

In der Sendung sitzt mir eine Frau zur Seite, die über sehr viel Wissen und reichlich Berufserfahrung verfügt. Die Therapeutin Rotraud Perner zählt zu den versiertesten Kennerinnen des Sujets. Ein gescheites Buch zum Thema hat sie auch geschrieben: „Darüber spricht man nicht – Tabus in der Familie".

Den adäquaten Umgang mit Familiengeheimnissen zu üben, dazu hatte sie in der eigenen Familie weidlich Gelegenheit. Geliebtenverhältnisse, Alkoholprobleme, auch ihr eigener kleiner Kosmos blieb nicht davor verschont.

„Ich komme aus einer Familie, in der sehr viel gelogen wurde", bekennt sie. Schon in ihrer Kindheit hat sie erlebt, was es heißt, wenn beide Elternteile dem Alkohol verfallen sind – und niemand darüber spricht. „Ich erinnere mich, daß ich aus der Schule kam und meine Mutter hohl lächelnd auf dem Fußboden sitzen sah, eine Situation, die ich als Kind überhaupt nicht einschätzen konnte, die mich verwirrt und verunsichert hat."

„Sicher ist meine eigene Geschichte auch mit ein Grund für meine Berufswahl", sagt sie heute. Mit der eigenen problematischen Erfahrung im Rücken hat sie sich bei den eigenen beiden Söhnen immer um größte Offenheit bemüht. Da konnte es auf der anderen Seite schon mal passieren, daß einer der Knaben in der Schule erzählte: „Wissen's, wir ham grad Krise zu Haus!"

Die Geschichte, die an diesem Abend das Nachtcafé-Publikum in Bann zieht, ist eine Dokumentation des Wegschauens, des Schweigens, ein bedrückendes Beispiel nicht nur für das Versagen einzelner Familienmitglieder, sondern für das eines ganzen Dorfes.

Ulrike M. Dierkes, jetzt 44 Jahre alt, ist das Kind einer Inzest-

Beziehung, die ihr Vater mit ihrer älteren leiblichen Schwester eingegangen war, die dadurch auch ihre Mutter wurde.

Der Fall spielt in den prüden fünfziger Jahren auf dem Dorf, im gut katholischen Münsterland. Ulrikes späterer Vater führt mit Frau und Tochter das Leben eines geachteten und erfolgreichen Mannes. Obwohl er als Heimatvertriebener eine neue Existenz aufbauen mußte, hat er es inzwischen schon wieder zu etwas gebracht. Er ist nicht nur ein gefragter Werbegrafiker, dessen Logos noch heute manchen Markenartikel schmücken, er sitzt nicht nur im Gemeinderat, sondern als gläubiger Christ auch im Kirchenparlament.

Da erwartet die erst 14jährige Tochter ein Kind. Im Dorf wird gemunkelt. Die Mutter, die die wahren Gründe ahnt oder gar kennt, wendet sich an den Ortsgeistlichen: „Bete dafür, daß es vorübergeht!" lautet sein Rat.

Aber das junge Mädchen ist bereits im sechsten Monat schwanger. Bei der Justiz geht eine anonyme Strafanzeige gegen den Vater ein. Mit der abstrusen Version, irgendein Fremder habe ihre Tochter vergewaltigt, versuchen die Eheleute eine Strafverfolgung abzuwenden.

Die werdende Mutter wird in ein klösterliches Erziehungsheim gesteckt. Der Vater kommt in Untersuchungshaft. Er wird zu einer Gefängnisstrafe von zweieinhalb Jahren verurteilt.

Als er vorzeitig wieder aus der Haft entlassen wird, wohnen alle wieder unter einem Dach. Und der Mißbrauch, die sexuelle Beziehung zur Tochter beginnt erneut...

Ulrike Dierkes wird von der Mutter erzogen, die eigentlich ihre Großmutter ist. Die Frau haßt dieses Kind. Es ist die Personifizierung ihres Unglücks, das lebende Dokument der Schande. Auch die Schwester, die zugleich Ulrikes Mutter ist, wird als die Hure beschimpft, die den Vater verführt hat.

Als Ulrike zum ersten Mal in vager Form die Geschichte ihrer Entstehung erfährt, ist sie elf. Der Vater und Großvater ist gerade von seinem zweiten Gefängnisaufenthalt – weitere vier Jahre wegen fortgesetzten Mißbrauchs – zurückgekehrt. „Eine große Vater-Tochter-Liebe" stünde hinter all dem, sagt er. Eine wunderschöne Beziehung, für die unsere Gesellschaft leider nicht offen und tolerant genug sei.

Es ist noch nicht lange her, daß Ulrike Dierkes über all das reden kann. Phasen permanenter Suizidgefahr liegen hinter ihr, eine gescheiterte Ehe, Therapien. In zwei Büchern hat sie sich ihre Geschichte von der Seele geschrieben. Jetzt will sie anderen helfen, anderen Kindern des Mißbrauchs.

Wie begegnet man als Moderator einem solchen Menschen? Jede Frage muß zwangsweise Erlebnisse wieder aufwühlen, die schlicht zu vergessen eine Gnade wäre. Doch unser Gast macht mir in der Sendung Mut. Sie will und sie muß auch darüber sprechen. „Warum ist die Frau des Täters nicht rechtzeitig ausgebrochen aus diesem perversen System, warum hat sie sich und ihre Tochter nicht retten können?" Ulrike Dierkes schreibt das ihrer Erziehung zu. Dem Gefangensein im Katholizismus. „Die Ehe ist unauflösbar", hat die Mutter gesagt, „egal was darin passiert. Ich hätte nie wieder katholisch heiraten können."

Je ruchbarer die Pädophilie des Vaters wird, um so mehr wird die Familie gemieden. Dadurch schließt sich das krankhafte System noch weiter hermetisch nach außen ab. „So bin ich aufgewachsen", erzählt sie. „Wir hatten keine Freunde, keine Verwandten, die zu Besuch kamen. Aus der Sicht meines Vaters lebten wir in einer ‚Mauer-Gesellschaft'. Und dieses Bild habe ich übernommen. Ich habe meinen Vater verteidigt, an ihn geglaubt.

Als ich elf war, sagte meine leibliche Mutter, die damals schon nach Berlin gezogen war, mein Vater sei ein Verbrecher. Ich habe ihr nicht geglaubt.

Bis ich dreißig wurde, habe ich an die freiwillige große Liebe zwischen meinem Vater-Großvater und seiner Tochter, also meiner Mutter, geglaubt. Ich dachte, eines Tages wird die Gesellschaft umdenken, wird dieser Irrglaube verschwinden, und meine Eltern können zusammenziehen ..."

Der Vater und seine Frau sterben im selben Jahr. Ulrike Dierkes ist jetzt 30. Bei der Beerdigung trifft sie nach vielen Jahren erstmals wieder auf ihre leibliche Mutter. Jetzt erfährt sie aus deren Aufzeichnungen und Erzählungen das ganze Ausmaß des Schreckens – und bricht zusammen. Im Nachlaß des Vaters finden sich Kopien der Prozeßakten und von Briefen aus der Zeit im Gefängnis. Was sie liest, ist unfaßbar. Sie wird krank.

Eineinhalb Jahrzehnte sind seit diesem Zusammenbruch vergangen. Eine mehrjährige Psychoanalyse und vor allem ein neuer verständiger Partner helfen, wieder so etwas wie den Ansatz zu einem Selbstwertgefühl zu entwickeln.

Das Verhältnis zu ihrer leiblichen Mutter bleibt distanziert und schwierig: „Ich hatte keine Kindheit. Sie hatte keine Jugend. Man kann nicht etwas weitergeben, was man nicht hatte. Schwester oder Mutter, das bleibt schwierig."

Heute ist Ulrike Dierkes selbst Mutter von drei Kindern. Erst allmählich hat sie gewagt, offen mit der Geschichte ihrer Herkunft umzugehen. Zwölf Jahre dauert es, bis sie der Familie ihres zweiten Mannes die Wahrheit sagen kann. Sie sagt: „Ich lebe mit einer Hypothek, die über drei Generationen wirkt."

Lebenswege – Lebensbrüche

„Da, da, da." – Die Wortreihung erinnert an Kindergebrabbel. So etwas wie der Ausdruck erstaunenden Wahrnehmens. Ein größerer oder gar höherer Sinn jedenfalls ist nicht auszumachen.

168mal kommt im vorliegenden Fall das kurze Wort „da" in der Zeitspanne von genau drei Minuten und 23 Sekunden vor, 27mal ergänzt durch ein nicht weniger bedeutungsvolles „Aha": „Aha, aha, aha! Was ist los mit dir, mein Schatz? Aha! Ich lieb dich nicht, du liebst mich nicht. Da, da, da…"

Manchmal treffen Worte ins Mark des Zeitgeistes. Beim Titel der bis dahin völlig unbekannten Tingel-Band Trio aus Ostfriesland ist das offenbar der Fall. „Da, da, da" steigt 1982 aus dem Nichts zur Spitze der Hitlisten auf und wird weltweit mehr als dreizehn Millionen Mal verkauft. Einer der größten deutschen Plattenerfolge aller Zeiten.

Die „Neue Deutsche Welle" spült die Provinzrocker unversehens auf die Sonnenseite der Welt. Auch Peter Behrends, den Schlagzeuger, der sich nun mit dem unerwarteten Geldsegen in der Rolle des Millionärs versucht.

Doch der Absturz folgt auf dem Fuß. Bereits vier Jahre nach „Da, da, da" ist Peter Behrends an seinem Tiefpunkt, finanziell wie menschlich ruiniert.

„Zwischen Scheitern und Chance – Brüche im Leben" steht über der Sendung, in der unter anderen der ehemalige Trio-Drummer zu Gast ist.

Was wir jetzt, im Januar 2000, dezidiert zum Titel machen, schwingt im Grunde bei vielen Nachtcafé-Themen mit. Das Ringen um den eigenen Lebensweg, der Umgang mit dramatischen Einschnitten, die ewige Sehnsucht nach so etwas wie Glück.

Die intensive Vorbereitung unserer Sendungen bringt uns viele Gäste menschlich sehr nahe, näher oft, als wir es in 90 Minuten vermitteln können. Die Vorrecherchen, die Verhandlungen, die Vorgespräche, das schafft Wissen um die Person und eine erste Vertrautheit. Wenn die Gesprächspartner dann anreisen, haben sie für uns oft schon eine Kontur gewonnen, die über ihre Rolle im Nachtcafé nicht selten weit hinausgeht.

Und in manchen Fällen setzt sich der Kontakt nach der Sendung fort. Zumindest verfolgen wir die Schicksale so, wie man es vielleicht bei entfernteren Schulfreunden tut. Der Lebensweg vor unserem Zusammentreffen wurde für die Sendung recherchiert, der danach bleibt aus Verbundenheit im Blickfeld.

Bei einer Talkshow, die nun schon länger als eineinhalb Jahrzehnte existiert, wächst zwangsläufig auch die Zahl der traurigen Nachrichten. Manche der Toten aus der langen Liste unserer Gäste haben sich selbst das Leben genommen. Andere haben es trotz allem geschafft, ihren Krisen und Depressionen zu entkommen, neu aufzubrechen. „Krise als Chance", nicht selten trifft dieses viel strapazierte Wort den Kern.

Peter Behrends, der Trio-Mann, hat die Chancen seiner Krise nachhaltig genutzt. Vierzehn Jahre ist es zum Zeitpunkt unser Sendung her, daß die Band nach ihrem Überraschungs-Coup im Streit auseinanderging. Die Erfahrung, wie schnell eine Million unter die Leute gebracht werden kann, hat er zügigst zu der seinen gemacht. Ganz im Stile des legendenumwobenen Starfußballers George Best aus Nordirland, der gegen Ende seines Lebens zu berichten wußte: „Den größten Teil meines Geldes habe ich für Alkohol, Weiber und schnelle Autos ausgegeben. Und den Rest habe ich einfach verpraßt."

Behrends treibt es noch toller. Zum kontrollierten Saus und Braus fehlt ihm der innere Halt. 120 000 Mark überweist die Plattenfirma bei der ersten Abrechnung. Da fliegt man doch gern mit ein paar Mädchen schnell mal auf die Seychellen. Da wird gefeiert, monatelang, nonstop.

Heute kann er für sich beanspruchen: „Es gibt keine Droge, die ich nicht kenne." Er ist ein Mann, der die rasante Reise von Null auf Hundert und zurück, diesen Bruch in seinem Leben, nicht verkraftet hat. Alkohol am Steuer brachte ihn ins Gefängnis. Nach Kokain – wurde er auch noch heroinabhängig.

Als er zu uns ins Nachtcafé kommt, hat er die Drogen hinter sich, aber den besten Teil seines Lebens mit Sicherheit auch. Die Spuren der selbstzerstörerischen Jahre sind nicht zu übersehen. Alkohol in dieser Dimension ruiniert irreversibel. Mal arbeitslos, mal in einer ABM-Stelle, führt Peter Behrends heute ein Leben am Rande. Sein Schlagzeug hat er schon vor längerer Zeit nach Hamburg gebracht, in ein Pfandleihhaus. –

Es gibt Lebensgeschichten, die schwierig sind und trotzdem Mut machen. Die des Trio-Trommlers gehört sicher nicht dazu. Aber andere sind mir begegnet, Menschen, die mit ungünstigsten Ausgangsbedingungen in diesem Leben anzutreten hatten oder schwerste Einschnitte erlebten und die trotzdem ihren eigenen bemerkenswerten Weg gegangen sind.

Eine ganze Reihe solcher Persönlichkeiten sitzt mit Peter Behrends zusammen in derselben Nachtcafé-Runde: Die niederländische Schriftstellerin Conny Palmen zum Beispiel, die die große Liebe ihres Lebens völlig unerwartet verlor und die dem Gram über diesen Tod mit Schreiben begegnet, Schreiben darüber. Oder Katharina Beta, die bei einem Verkehrsunfall ins Koma fiel, dabei die gesamte Erinnerung an ihr früheres Leben unwiederbringlich verlor und in zähem langjährigem Bemühen eine völlig neue Identität aufbauen mußte.

Ihr gegenüber sitzt die Schauspielschülerin Nadja Galwas. Sie war im Oktober 1999 mit entblößtem Oberkörper auf der ersten Seite des „Stern" zu sehen gewesen. Der Titel war ein Tabubruch, eine Provokation. Sie hat nur eine Brust, vor drei Jahren war ihr die rechte amputiert worden.

Eine ähnliche Illustriertenveröffentlichung hatte kurze Zeit zuvor in den USA für Aufsehen gesorgt. In der branchentypischen Mischung aus Voyeurismus und Aufklärertum haben die Macher des Stern damit jetzt die deutsche Öffentlichkeit konfrontiert. Sowohl der Anlaß als auch der Erfolg des umstrittenen Unternehmens gibt ihnen Recht.

Etwa 43 000 Frauen pro Jahr erkranken hierzulande an Brustkrebs. Und viel zu viele erkennen ihre schwere Krankheit zu spät. Jede zweite Patientin stirbt. Der Standard der Früherkennung in

Deutschland ist im Vergleich zu vielen Nachbarländern ein medizinischer Alptraum.

Nadja Galwas hat ihre Krankheit überstanden, soweit man das bei dieser Art von Krebs schon sagen kann. Und jetzt, beim Thema „Lebensbrüche", spreche ich mit ihr über die Veränderungen, die das Erleben der Krankheit bei ihr ausgelöst hat.

Nadja Galwas und Peter Behrens

Wer denkt schon freiwillig an Krebs? Das ist die Krankheit anderer, über die man liest, von der man hört, die einen entsetzt, der man mit Mitgefühl begegnet, wenn Menschen, die man kennt, betroffen sind. Aber selbst?

Vermutlich ist dies die richtige, die einzig lebbare Haltung. In der permanenten Angst vor Krebs kann niemand leben. Und trotzdem ...

„Für Brustkrebs sind Sie viel zu jung. Da schicke ich Sie nicht einmal zur Mammographie", sagt die Frauenärztin zu ihrer 28jährigen Patientin. Nadja Galwas hat in ihrer Brust einen kleinen Knoten festgestellt. Aber jetzt geht sie fürs erste erleichtert wieder nach Hause. Doch der Knoten wächst. Eine zweite Frauenärztin wird aufgesucht: „Wenn es Sie beruhigt, lasse ich Sie röntgen." Sechs Wochen wartet sie auf einen Termin für die Mammographie. Als sie endlich untersucht wird, erhält sie keine klaren Auskünfte. Man müsse aber operieren, möglichst sofort ...

Nadja Galwas will davon nichts hören. Sie flüchtet vor dieser Konsequenz und vor der Schulmedizin, wendet sich an eine Heilerin, ernährt sich konsequent vegan und beginnt mit Trommeln. „Als wollte ich den Krebs aus dem Leib trommeln", sagt sie heute. Zehn Monate geht das so. Aber die Flucht vor der Krankheit mißlingt gründlich.

Der Lymphknoten unter dem rechten Arm hat jetzt schon die Größe eines Tennisballs, und der Radiologe bei einer erneuten Mammographie sagt: „Vielleicht müssen wir gar nicht mehr operieren. Das lohnt sich nicht mehr, die Brust abzunehmen. Es ist zu spät."

Ohne weitere Betreuung entläßt der Röntgenarzt seine Patientin durch die Hintertür auf eine vielbefahrene vierspurige Straße. „Wenn meine beste Freundin nicht dagewesen wäre, ich weiß nicht, was ich in dieser Situation getan hätte ..."

Die nächsten Tage und Wochen sind unerträglich. Doch ihre Heilpraktikerin fängt sie auf. Eine gute Klinik für die Operation wird aufgetan. Den Eingriff selbst erlebt sie am Ende als Erleichterung. Glücklicherweise werden keine Metastasen festgestellt.

„Die Krankheit hat mich neu geboren. Aus dem größten Unglück bastle ich mein größtes Glück." Die gutaussehende, gewinnende Frau, die im Nachtcafé solche Sätze spricht, scheint die letzten Jahre, die Krankheit, den massiven Eingriff in ihren Körper nicht nur gut verarbeitet zu haben, sie hat sich auch neu im Leben positioniert. Die Folgen der Brustamputation für ihre weibliche Identität scheinen dagegen fast in den Hintergrund zu treten. Mit viel neuem Selbstbewußtsein geht sie damit um.

„Die Knoten in meiner Brust standen für die Knoten in meinem Leben." Ein bißchen „durchdrungen" klingt die Eigenanalyse ihres Leidens schon. Die Veränderungen in ihrem „Leben danach" sprechen jedoch für sich.

Nadja Galwas war vor der Krankheit auf dem Weg, Schauspielerin zu werden. Ihre Rolle im Leben aber hatte sie noch nicht gefunden. „Ich habe mich schon sehr früh in Frauen verliebt", erfahren die Zuschauer, „aber ich hatte damit viele Probleme, dachte, ich stecke im falschen Körper, hatte immer das Gefühl, verkehrt zu sein."

Erst durch den Einschnitt der Krankheit und den hartnäckigen Rat der Heilpraktikerin, die sie betreut, lernt sie endlich zu sich zu stehen, so wie sie ist. „Normal zu sein wie andere", dieses krampfhafte Bemühen und Verrenken hat jetzt ein Ende. Für sie ist es wie eine Neugeburt. „Natürlich wäre ich schon heute gerne eine bekannte Schauspielerin. Aber jetzt lege ich los, so wie ich bin, mit einer Brust." In der Sendung wiederholt sie den Satz noch einmal: „Aus dem größten Unglück bastle ich mein größtes Glück."

Wir sitzen nach der Sendung noch lange zusammen. Die Themen kreisen nach wie vor um die Krankheit, um die Stern-Aktion, um die plötzliche Bekanntheit, die sie durch ihr Erscheinen auf der Titelseite gewonnen hat. Sie hat weitere Fotografien dabei, zeigt sie den anderen Gästen. Und als sie erzählt, daß sie über einen Film zum Thema nachdenkt, da beginnen sich beim Zuhörer auch ein paar zwiespältige Gefühle zu rühren. Bleibt jetzt die Krankheit für lange Zeit ihr großes Lebensthema, ihre unendliche Geschichte? Eine sorgenvolle Perspektive. –

Die Nachfrage zweieinhalb Jahre später zerstreut derlei Mutmaßungen – zumindest teilweise. Vor allem: Sie ist nach wie vor gesund. Sie steht vor der staatlichen Schauspielprüfung und möchte sich jetzt lieber über ihren Beruf und nicht mehr über ihre Krankheitsgeschichte definieren. Aber daß endlich mehr an Aufklärung und Vorsorge geschieht, insbesondere bei den jungen Frauen, dafür ergreift sie, wo immer sie kann, das Wort. Die Veränderungen an ihrem Körper hat die Zeit zur Normalität werden lassen. „Vor kurzem", erzählt sie, „hat mich das erste Mal eine Zeitschrift angezogen fotografiert. Das fand ich toll."

Lebenswege, Lebensbrüche ... Manche Biographie, die mir im Nachtcafé schon begegnet ist, war aus dem Stoff, aus dem Romane sind. Andere erschienen aus ganz spezifischen Gründen dafür vollkommen ungeeignet: Sie hörten sich an wie erfunden, völlig überzogen, alles andere als glaubhaft und waren doch nur eines: die schlichte Wirklichkeit.

Das reale Leben übersteigt alle Phantasie. „Heute hier, morgen fort". Die Beschäftigung mit unserer mobilen, unserer unsteten Zeit hat uns auf eine Autorin aufmerksam gemacht, die die Unbill eines ewigen Wanderlebens am eigenen Leib durchlitten hat.

„Warum das Kind in der Polenta kocht", lautet der kuriose Titel des Romans von Aglaya Veteranyi. Er führt in die Welt, die von Geburt an ihr Leben war: die Welt des Zirkus.

Die Mutter hängt am Haarschopf freischwebend in der Zirkuskuppel. Noch als sie mit Aglaya im achten Monat schwanger ist, tanzt sie über das Hochseil. Der Vater mimt unten in der Manege den Clown, ein Musikakrobat der ersten Garnitur und wie viele Komiker kein Mann von Fröhlichkeit.

Die steile Karriere der Eltern hat einen entscheidenden Makel. Sie findet im falschen Land statt, in Rumänien. Hier kommt auch Aglaya zur Welt, aber ihr Vater hat längst den Plan gefaßt, hier nicht mehr lange zu bleiben. Keine Freiheit, kein Wohlstand, kein Glück. Bei der ersten Gelegenheit, einem Gastspiel in der Tschechoslowakei, setzt sich die Familie in den Westen ab. Der Ort ihres ersten Engagements ist eine erste Adresse, der Zirkus Knie in der Schweiz.

Im Roman erzählt die Schwester im Wohnwagen die grausame Geschichte vom Mädchen, das in der Polenta kocht. Sie tut es, um das kleine Geschwisterchen zu beruhigen, abzulenken von dem, was ihr wirklich Angst macht: die Mutter an den Haaren in der

Zirkuskuppel nebenan. Keine Idylle, keine Romantik. Nüchtern und ernüchternd, hart und ohne Moral kommt die Welt des Glamours in diesem Buch daher. So wie sie Aglaya Veteranyi nicht anders selbst erlebt hat.

Die gediegene Schweiz bleibt nur für zwei Jahre ihr Land. Für Artisten ist der Wechsel der Normalfall. Sie haben Engagements in anderen Ländern, anderen Kontinenten. Wohnwagen, Hotelzimmer. Anderer Zirkus, andere Sprache, anderes Land. Bei einer Tournee durch Afrika haust die Familie für ein ganzes Jahr in einem Zugabteil. Doch sie sehen kaum etwas von den vielen Orten ihrer Engagements. Insbesondere für die kleine Aglaya endet die Welt in jedem Land an der Grenze des Zirkus-Areals.

Mit drei Jahren tritt sie zum ersten Mal selbst auf, mit dem Vater in einer Clown-Nummer. Die Mutter bringt ihr das Jonglieren bei. Gelernt wird, was der Zirkus braucht, nicht schreiben und lesen. Noch als Teenager ist sie praktisch eine Analphabetin.

Im März 2001 ist sie Gast im Nachtcafé. Was die Vorgeschichte alles andere als nahelegt: Aus der Analphabetin ist eine Schriftstellerin geworden. Sie lebt jetzt wieder in der Schweiz, und dort beginnt man inzwischen sogar ein bißchen stolz auf sie zu sein. Man hat sie mit Preisen dekoriert. Kollege Peter Bichsel kommentiert ihr ungewöhnliches Erstlingswerk mit den Worten: „Hier schreibt eine Artistin auf dem hohen Seil, und ich schaue ihr von unten zu, und mir stockt der Atem."

Manchmal transportiert schon der erste Blickkontakt zwischen zwei Menschen außerordentlich viel. Als ich Aglaya Veteranyi zum ersten Mal sehe, bin ich mir sicher. Das ist eine sehr warmherzige Person, mit hoher Lebensintensität, aber auch von großer Verletzlichkeit.

Ihre Familie ist auseinandergebrochen, als sie siebzehn war. Der Vater glaubte die Chance für ein neues Glück in Amerika zu finden. Die Schwester hielt als Gummifrau dem Zirkus die Treue, fernab in Brasilien.

Aglaya kommt mit ihrer Mutter zurück in die Schweiz und lernt dort zum ersten Mal, was es heißt, einen festen Wohnsitz zu haben. „Ich kannte bis dahin nichts anderes als das Herumreisen. Meine Welt wurde immer wieder ab- und woanders aufgebaut, gegen meinen Willen. Ich habe mir immer gewünscht, daß etwas bleibt. – Die Vorstellung, in einem festen Haus zu leben, war für mich völlig exotisch, abenteuerlich. Das konnte ich mir nicht einmal erträumen. Es überstieg meine Vorstellung.

Wir haben öfter Dinge gekauft, ein Teeservice zum Beispiel. Das haben wir in unserem Wohnwagen gar nicht benutzt. Da war die Vorstellung, wenn wir irgendwann ein Haus haben, dann werden wir das auspacken und daraus Tee trinken. Das war für mich der Inbegriff von Abenteuer!" – „Der Zirkus war für mich nicht das Exotische, das hatte nichts mit Romantik zu tun. Erst als ich darüber zu schreiben begann, habe ich erstmals auch die Poesie darin gesehen, die Poesie der Gegensätze."

In Zürich setzt sich die junge Frau den Gegensätzen ihrer neuen Umwelt aus. Sie mobilisiert ihre Kräfte, um das Versäumte, Nichterlernte nachzuholen. Sie gründet eine freie Theatergruppe, und bald schreibt sie auch.

Als sie bei uns ist, haben die Medien den Reiz ihrer Vita längst entdeckt. Sie hat die Ausstrahlung einer Frau, die trotz schwierigster Startbedingungen ihren Weg gefunden hat. Der zweite Roman ist bereits in Arbeit.

Im Februar 2002, ein knappes Jahr nach unserer Sendung, entnehmen wir einer kleinen Pressenotiz, daß sich die Schriftstellerin Aglaya Veteranyi das Leben genommen hat.

Die Nachricht schockiert die ganze Redaktion. Über die Gründe ist aus den Presseberichten nichts zu erfahren. Die Sache läßt mir keine Ruhe, bewegt mich mehr, als ich es mir zunächst eingestehen will.

Was hat sie zu diesem Schritt gebracht, gerade jetzt, in einer Phase, die zu positiven Lebensgefühlen sehr viel Anlaß bot?

Mit ihr befreundete Journalisten berichten uns schließlich von ihren Mutmaßungen. Nicht Depressionen, zumindest nicht im konventionellen Sinn, hätten zu ihrem Tod geführt. Auch nicht gelegentlich unterstellte Schwierigkeiten mit dem neuen Roman.

Es scheint, als hätte der Ballast der Vergangenheit sie wieder eingeholt, die Spuren der harten Kindheit, des Mangels an Zuwendung, Beständigkeit und Liebe. Verlassensängste hätten sie permanent umgetrieben, sagen die Freunde, und Panik, weil sie fürchtete, ihr kindlich-jugendliches Aussehen zu verlieren. Die Kindersicht war die Perspektive ihres Schreibens.

Über eine ganze Reihe von Beschwerden hat sie zuletzt geklagt, das meiste psychosomatisch, meinen die Ärzte. Und Ärzte verbraucht sie in den letzten Monaten offenbar viele, und weil die ihr angeblich nicht helfen können, auch immer mehr fragwürdige Heiler aus der esoterischen Szene.

Bei einem Klinikaufenthalt im Januar unternimmt sie einen ersten Suizid-Versuch. Zwei Tage, nachdem sie wieder zu Hause in Zürich ist, nimmt sie sich das Leben.

Ihr zweiter Roman heißt „Das letzte Regal der Atemzüge" und wird posthum veröffentlicht.

Heiler, Gurus, Scharlatane

Des Menschen Glaube ist sein Himmelreich

Welche Themen interessieren unsere Zuschauer? Ein guter Nachtcafé-Redakteur sollte mit dieser Frage morgens aufstehen, abends zu Bett gehen, und dann und wann sollte sie ihm auch den Schlaf rauben. So zumindest ist ungefähr die Erwartungshaltung der Redaktionsleitung und natürlich auch die des Moderators, der dann besonders stolz auf das Team ist, wenn es wieder einmal gelang, nahe bei den Menschen zu sein.

In den Sitzungen, in denen wir die Themen der kommenden Monate beschließen, werfen erst einmal alle Redaktionsmitglieder ihre Vorschläge in den Ring. Und dann wird diskutiert. Was ist aktuell, am Puls der Zeit? Welches Thema haben wir all die Jahre noch nicht aufgegriffen? Was ist besonders originell? Und immer wieder: Was interessiert unsere Zuschauer, den „König Kunde", gerade jetzt? –

Es gibt Themen, die interessieren immer: Liebe, Geld, Macht, Ruhm und das Streben nach Glück, zum Beispiel. Darüber war in diesem Buch schon einiges zu lesen.

In einem weiteren zeitlosen Themenfeld vermischen sich zwei Aspekte: das Ringen um körperliche und seelische Gesundheit und die Frage nach nichts Geringerem als dem Sinn des Lebens.

Wo komme ich her? Wo gehe ich hin? –

Es gibt ein Leben vor dem Tod. Aber danach? Und vor der Geburt? Die Zukunft liegt in Finsternis. Wie könnte man sie erhellen? –

So unsicher und spekulativ die möglichen Antworten auf solche Fragen auch sind, so sicher ist, daß die akribische Suche nach weiterführenden Erkenntnissen eine unendliche Geschichte sein wird.

Und was ganze Weltreligionen begründet, trifft selbstverständlich auch auf das besondere Interesse des Nachtcafé-Publikums.

Die christlichen Religionsgemeinschaften hören es nicht gerne. Aber es ist längst eine Tatsache, daß die Kirchen auf dem Markt der Sinnanbieter in den letzten Jahren in die Defensive geraten sind. Die Konkurrenz ist schillernd. Asiatisches, Indianisches, Okkultes und nachweislicher Hokuspokus vermischen sich zu oft abenteuerlichen Cocktails: den neuen Heilslehren. Nicht nur Aglaya Veteranyi hat bei ihnen vergebens Hilfe gesucht. Es sind Millionen, die auf die Rettung ihrer Seelen – oder sei es auch nur auf die Beseitigung eines Heuschnupfens – im Reich der Esoterik hoffen.

Das Nachtcafé ist etwa gleich alt wie die Esoterikwelle in Deutschland. Manch trendiger neuer Erlöser von Seelenpein oder Rheumatismus hat schon bei uns vorbeigeschaut. Auffallend häufig waren Frauen mittleren Alters darunter, oft Schauspieler oder Showstars, die nach einer Lebenskrise oder einem Karrierebruch meist in Heimarbeit zum Wesentlichen durchgedrungen waren. Die ehemalige Schlagersängerin Penny McLean fällt mir in diesem Zusammenhang ein, die Schauspielerin Cleo Kretschmer oder der schnell wieder vergessene Showstar Sabrina Fox.

Mehrfach wurde mir in unserer Sendung schon aus der Hand und aus den Sternen gelesen, Computerhoroskope wurden erarbeitet und Mutmaßungen über den Weg meiner Wiedergeburt angestellt. Und ein schon etwas betagtes Medium wagte für mich vor den Kameras gar den Blick ins Jenseits. –

Ich habe das bis jetzt alles ohne erkennbare Nebenwirkungen überlebt. Selbst den Besuch von „Lanoo", dem „Alt-Buddhisten", wie er sich im Bemühen um Genauigkeit selbst bezeichnet, der hierzulande noch unter seinem früheren Künstlernamen bekannter sein dürfte: Christian Anders, ehedem Schlagerstar.

„Schicksal, Zufall, Fügung", wer oder was hat uns diesen Mann ins Haus geschickt? Er kommt direkt aus Kalifornien, und er kommt nicht allein. Er hat ein Buch mitgebracht, das es seiner Dicke nach mit der Bibel aufnehmen kann, wenn es nach ihm, dem Verfasser geht, auch nach dem Inhalt.

Und singen will er auch noch, das ist die Vorbedingung, davon läßt er sich nicht abhalten. Er schreitet die Außentreppe des

Favorite-Schlosses hinab. Das Playback schmettert: „Kapitän, wohin steuert unser Schiff?" Wohin denn nur?

Lanoo, respektive Christian Anders, ist zurückgekehrt nach Mitteleuropa, in die Welt, in der er als Antonio Schinzel geboren wurde. Fast wie ein Engel ist er gewandet, aber wer ein wenig in seiner Vita blättert, erkennt rasch, er ist an sich keiner. –

Als Antonio Schinzel Anders wurde, damals Ende der sechziger Jahre, da hat er mit einer ganzen Reihe selbstgeschriebener Songs größte Erfolge gelandet. Auf allen Ebenen: Mindestens 2000 Frauen, so sagt er, seien ihm in diesen Jahren zu Willen gewesen. Das hohe Versprechen „Du gehörst zu mir" wird einer seiner größten Hits und – noch immer in aller Ohren – „Es fährt ein Zug nach Nirgendwo".

Ein paar Jahre später, die Entgleisung: Die eigene Plattenfirma geht bankrott. „Dann habe ich meinen ganzen Besitz verschenkt, mich ins Flugzeug gesetzt und bin nach Kalifornien an den Strand. Geld, Erfolg, Sex, Berühmtheit, Applaus, alles hatte ich bis zum Extrem genossen. Es hat mich nicht glücklich gemacht. Das Glück, für mich lag es in der Loslösung von allem." Zu Anders' Erzählungen kursiert in den Medien allerdings auch eine andere Version: Nicht die Sehnsucht nach Erleuchtung habe ihn aus dem Land getrieben, sondern seine Millionenschulden, die nackte Angst vor Gläubigern, Finanzämtern und dem Zugriff der Staatsgewalt.

„Ich habe unter Brücken geschlafen", erzählt er. Später wohl auch in festen Behausungen, in Malibu und Umgebung, wo er, der sich jetzt als praktizierender Buddhist betätigt, den Guru mimt. Allerdings lehnt er diese Bezeichnung bescheiden für sich ab: Lanoo heißt „Schüler".

Sein Aufenthaltsort ist jetzt die Schwelle zum Nirwana, zum göttlichen Nichts. Den rasant fortschreitenden Erleuchtungsgrad hält er in dicken Büchern fest, das dickste hat 1000 Seiten und klärt uns über nicht weniger auf, als den „Sinn des Lebens". –

Im Nachtcafé hat uns der Autor mit dem „Sinn des Lebens" in der Hand einige unvergeßliche Sendeminuten geschenkt.

„Schicksal, Zufall, Fügung – Was bestimmt unser Leben?" so lautet das Thema. Nachdem Lanoo seine Zuhörer in die Grundprinzipien von Wiedergeburt und Karma eingeführt hat, verlangt es den Moderator, anhand des Buches auch einige praktische Aspekte seiner Lehre zu erörtern. Besonders interessant ist die Botschaft, daß eine ganze Reihe von Erkrankungen selbstredend mit dem Betragen in einem früheren Leben zusammenhängen. Zum Beispiel Heuschnupfen. Ich verlese dazu die einschlägigen Erläuterungen aus der Anders-Bibel: „Man mag in diesem oder einem früheren Leben im Heu vergewaltigt worden sein." Kein angenehmer Befund, aber der Autor lacht: „Das habe ich nicht geschrieben!" protestiert er. – „Doch! Steht da drin!" „Zeigen sie mir mal, wo das steht..." –

Ich hatte den Satz auf meine Moderationskarten geschrieben, allerdings ohne die Seitenzahl zu notieren. Die Redakteure stehen gegenüber an der Bar mit einem Zweitexemplar und beginnen von Lachen geschüttelt hektisch zu blättern. „Ich glaube, da haben ihre Redakteure etwas hineingelesen, was nicht in dem Buch steht. Wir können gerne nachschauen..."

Die Redaktion leistet auch in diesem Fall schnelle Arbeit: „Seite 835, 5. Zeile!" wird mir zugerufen. Der Autor trägt in voller Länge vor: „Heuschnupfen kann durch Folterung an der Nase in einem vergangenen Leben herrühren", erfahren wir ergänzend, bevor Lanoo seine eigene Theorie, als wär's zum ersten Mal, laut vorlesend zur Kenntnis nimmt: „Man mag aber auch in diesem oder einem früheren Leben im Heu vergewaltigt worden sein." „Kann sein", fügt er hinzu, „eine Extremerklärung." –

Auf Lanoo-Andersens Homepage im Internet haben wir von des Meisters aktueller Mission in Deutschland erfahren: Ein Foto zeigt ihn beim Bad in der Menge. Dazu der Text: „Die Fans bitten ihn, bleib hier bei uns und singe wieder deine wunderschönen Lieder. Aber Lanoo sagt, ‚ich habe eine neue Botschaft für euch, doch sie führt zum Schweigen, zum Schweigen des Nirwana.' Om!"

Christian Anders schweigt wider Erwarten und entgegen seiner Ankündigung nicht. Direkt im Anschluß an unsere Sendung geht er mit anderen Interpreten aus besseren Tagen noch einmal auf Tournee. Mit gemischtem Ergebnis: Als er beim ersten Auftritt in Hamburg den bewährten „Zug nach Nirgendwo" noch einmal auf die Gleise setzt, bricht Jubel los. Als er danach um eine Meditationspause bittet, wird er ausgelacht.

Später lesen wir noch, daß Anders seine aktuelle Freundin per Vertrag an einen offenbar unbefriedigten Millionär veräußern will, und fragen uns, ob das wohl mit der Lehre des Buddhismus und mit der deutschen Strafgesetzgebung zu vereinbaren ist. Bei nach wie vor 35 Millionen Mark Schulden, von denen die Rede ist, fallen die Schamgrenzen offenbar ins Bodenlose. Die Süddeutsche Zeitung schreibt angesichts der Medienposse: „Der Schlagersänger Christian Anders war früher sonderbar. Jetzt scheint er leider wahnsinnig geworden zu sein." Was wäre dem noch hinzuzufügen? Ein kräftiges „Om!" vielleicht? -

Über Lanoo kann man noch lachen, zuweilen wenigstens. Der Schaden, den er bisher mit seinen Scharlatanerien angerichtet hat, ist mangels Gefolgschaft gering. Anderen ist in dieser Hinsicht Schlimmeres anzulasten:

Dieses Bild werde ich nie vergessen. Ganz in Weiß sitzen die zwei nebeneinander auf einem Ledersofa der Nachtcafé-Runde. Ein vertrautes Paar. Sie dürfte gegen Ende Fünfzig sein, er ein gutes Jahrzehnt jünger.

Sie ist auffallend kräftig geschminkt. Blauer Lidschatten, die Wangen rot. Im Haar trägt sie so etwas wie ein Diadem. Um den Hals schlingen sich mehrere Perlenketten und ein Seidenschal.

An einer Kette baumelt ein glitzerndes Kreuz. Die opulente weiße Robe arbeitet mit sehr viel Spitze.

Er dagegen beschränkt sich in der Ornamentik seines Outfits auf die schwarzen Marienkäferpunkte der Krawatte und auf ein funkelndes Abzeichen am Jackenrevers des naturweißen Anzugs: das Emblem der Sekte „Fiat Lux".

Uriella, „das Sprachrohr Gottes", und Icordo, der Gatte und Geschäftsführer, tragen bei ihrem Auftritt im Nachtcafé Festtagskleidung. Oder sieht so etwa der Alltag aus, in Ibach im Schwarzwald? Dort hat die Sekte ihr Hauptquartier, dort hat sie in den letzten Jahren ein Haus nach dem anderen aufgekauft, und dort sind auch die mysteriösen Dinge passiert, die seit einiger Zeit eine ganze Reihe staatsanwaltlicher Ermittlungsverfahren ausgelöst haben. Auf ca. 1000 Mitglieder schätzt man inzwischen den Verein.

Uriella hieß vor ihrer Bestellung zur göttlichen Figur Erika Bertschinger und war von Beruf Fremdsprachensekretärin. Eine einschlägige Fachfrau in den USA hatte ihr bei einer Konsultation eine außergewöhnliche Begabung bestätigt. Und so nahm sie 1977 in Volltrance zum ersten Mal Kontakt nach „oben" auf, zu Jesus persönlich. Seitdem weiß sie, wie hienieden fromm zu leben ist, und verpflichtet ihre „Geistesgeschwister" zu absoluter Abstinenz, ernährungstechnisch und sexuell.

Bei meinem ersten Kontakt mit der Entrückten spüre ich neben einem gewissen überirdischen Timbre in ihrer Stimme auch ein gerüttelt Maß an bodenständigem Mißtrauen. Seit die Staatsanwaltschaft im Haus steht und kritische Berichte im Fernsehen sich mehren, sind die Fiat Luxe wachsamer geworden.

Irgendwie muß ich ziemlich harmlos gewirkt haben, denn zur Sendung im März 1993 fahren sie dann tatsächlich in Ludwigsburg vor, im farblich wohlabgestimmten gehobenen „Dienstwagen".

Der Okkultismusbeauftragte aus Bayern, der auch in der Nachtcafé-Runde sitzt, hat es sofort registriert: „Sie fahren ein wesentlich größeres Auto als ich, habe ich gesehen!" Und er hat noch mehr anzumerken: „Mich wundert es sowieso, daß Sie beide noch die Dreistigkeit haben, in die Öffentlichkeit zu gehen. Also, ich bin mit Leuten konfrontiert, die in ihre Hände gefallen sind. Mir fällt kein anderes Wort dazu ein als Scharlatan."

So steht es jetzt im Raum. Im Titel der Sendung steht es auch schon, allerdings mit Fragezeichen: „Neue Heiler – Scharlatane?"

Uriella begegnet diesem Reizwort mit einer Ruhe, die nur von oben empfangen sein kann: „Solange sich ein Mensch aufgerufen fühlt durch Gott, die ihm geschenkten Gaben weiterfließen zu lassen, unentgeltlich, opferfreudig und voller Freude, helfen zu dürfen, ist er mit Garantie kein Scharlatan." Uriella spricht von sich. – Ich lasse mir mein Vorwissen von ihr noch einmal persönlich bestätigen. Ja, sie sei sich sicher, in einem früheren Leben die ägyptische Königin Nofretete gewesen zu sein. Rein äußerlich ist das nicht mehr zu verifizieren. Auch Maria Magdalena will sie früher mal gewesen sein, auf jeden Fall nichts Durchschnittliches. Gatte Icordo wiederum verweist auf die karmische Ahnenreihe Nikodemus, Ulrich Zwingli und Richard Strauss.

Kann Uriella wirklich heilen? Auf diese Rolle, sagt sie, sei sie „über Äonen" vorbereitet worden. „Eine Gnade, ein Geschenk. Bevor ich Kontakt aufnehme, bete ich mit ausgebreiteten Armen mit meinen Patienten, bitte Gott um die große Gnade für den betreffenden Bruder oder die Schwester, bevor ich dann die Hände auflege. Ich spüre dann, wie alles, was ungut ist in diesem Menschen – kanzeröse Zellen, Schmerzen, was immer –, über meine rechte Hand hinausfließt..." Schon tausendfach, so sagen die Berichte, habe sie so hilfreich ihre Hand angelegt, mal direkt, mal als Ferntherapie.

Bei den meisten Rundenteilnehmern haben Uriellas Heilserzählungen einen gegenteiligen Effekt. Manche zeigen beim Zuhören das Mienenspiel aufkeimender Übelkeit, andere halten die Heilerin für nicht mehr als ein leibgewordenes Placebo.

„Wer heilt, hat recht", sagt die Medizin. Aber hat Uriella wirklich geheilt?

Ich verlese im Dienste der Wahrheitsfindung die lange Liste laufender Ermittlungsverfahren. Auch, daß sie ihre Heilpraktikergenehmigung ungeprüft von einer Amtsärztin erhielt, die privat ihrer Sekte anhängt, kommt zur Sprache. Von dubiosen Todesfällen hatte ich gelesen, Menschen, die angeblich mit einer simplen Antibiotikabehandlung hätten gerettet werden können.

Am Sprachrohr des Allmächtigen prallen derlei Anwürfe ungerührt ab. Der Bayerische Okkultismusbeauftragte aber gibt sein Bestes und entwickelt seine Placebo-Theorie noch weiter. Wenn es gelegentlich Erfolge gäbe, dann sei das höchstens auf Autosuggestion und Selbstheilung zurückzuführen, aber bestimmt nicht auf die Dame in Weiß.

„Auf Gott", kontert Icordo, „auf Gott, an den Sie nicht glauben. Auf Gott und seine göttliche Kraft ist es zurückzuführen, und es ist schade, daß Sie das leugnen, denn auch Sie sind ein Kind Gottes."

Nach der Sendung rühren sich beim Moderator ernsthafte Zweifel, ob wir mit diesem Nachtcafé unserer aufklärerischen Absicht wirklich gerecht geworden sind. Uriella und Icordo entschwinden mit Gott und erfülltem Lächeln im Dienst-PKW Richtung Südschwarzwald. In den folgenden Monaten werden sie mir regelmäßig die Monatsschrift ihrer Sekte zuschicken. Irgendwie, denke ich, habe ich wohl zu harmlos gewirkt.

Die Sekte Fiat Lux und ihre jetzt 75jährige Gründerin existieren bei Niederschrift dieser Zeilen immer noch. Aber der Kordon der Staatsgewalt scheint sich mittlerweile immer enger um Uriellas Hauptquartier im ehemaligen Ibacher Dorfwirtshaus zu legen. Die Heilpraktikerlizenz war ihr bereits kurz vor unserer Sendung wieder entzogen worden. Ehemalige Sektenmitglieder versuchen vor Gericht, an Fiat Lux „geliehene" Gelder wieder zurückzubekommen, insgesamt Millionenbeträge. Mit einem „Regime der Angst" würde Uriella ihre Anhänger gefügig machen, argumentiert eine Klägerin.

Wegen gewerbsmäßiger Hinterziehung von Abgaben und Steuern verurteilt das Landgericht Mannheim Ende 1998 Uriella und Icordo zu Freiheitsstrafen auf Bewährung und einer sechsstelligen Geldbuße.

Angesichts des Urteilstermins wirkt die Ankündigung aus Ibach wenige Monate zuvor wie ein kosmischer Versuch der Selbstrettung: Für den 9. August 1998 prophezeit Uriella den Weltuntergang. Nur der Weiler Strittmatt wird verschont bleiben, wegen der fünf „t", den fünf Kreuzen im Namen. Und natürlich werden die Fiat-Lux-Anhänger am Lichte und am Leben bleiben. Obwohl es sich dann „Gott anders überlegt hat", treten die Apokalyptiker zum Millenium mit derselben Botschaft noch einmal auf den Plan. Doch die „letzte Frist" des „allergrößten Meisters" ist auch dieses Mal offenbar noch nicht abgelaufen. Auch nicht für Uriella, zumindest noch nicht ganz.

Menschen mit klarem Verstand, so bleibt zu hoffen, laufen kaum Gefahr, jemandem wie dem Gespenster-Duo aus dem Südschwarzwald in die Hände zu fallen. Doch die Szene der Heiler und Heilsversprecher hat viele Gesichter.

Eines taucht 1993 in einer Sendung des kommerziellen Fernsehens auf. Margarethe Schreinemakers, immer die Einschaltquoten im Blick, möchte den Sensationserfolg einer Massenfernheilung im russischen Fernsehen in ihrer Show wiederholen. Eine geeignete Figur dafür wird gesucht, eine mit Fernsehwirkung und ohne Skrupel. Die Wahl fällt auf Eli Lasch, einen echten Doktor. Sogar einen Professorentitel trägt er und betreibt trotz seiner schulmedizinischen Weihen das, was Frau Schreinemakers jetzt braucht: Geistheilung. Auch optisch entspricht er dem Anforderungsprofil: ein Verschnitt von Rasputin und dem Männchen auf der Packung mit den Knoblauchpillen.

Als ihn der Anruf von SAT 1 in seiner Praxis in Berlin-Schöneberg erreicht, traut er zwar seinen Ohren nicht, aber ein wacher Geist sagt dem Heiler: Das ist seine Chance.

Ein übersinnliches „Lichterlebnis", das irgendwie an die Erscheinungen von Jeanne d'Arc oder Bernadette, dem Mädchen aus Lourdes, erinnert, hatte den Schulmediziner in seiner Zeit als Kinderarzt im israelischen Gaza-Streifen auf die Geisterspur gesetzt. Ein neues Leben hat er damals Mitte der Achtziger begonnen. Und in diesem Zusammenhang führte sein Weg auch zurück nach Deutschland.

Dr. Eli Lasch in Arbeitshaltung

Und jetzt, im Jahr 1993, nimmt das Unglaubliche via Bildschirm seinen Lauf. Dr. Eli Lasch hebt seine Hände, hält sie vor die Kamera und spricht zum Millionenpublikum der Schreinemakers-Show in den heimischen Wohnzimmern: „Stellt euch vor, ich wäre bei euch! Konzentrieren Sie sich! Wer will, kann sich vorstellen, daß aus meiner rechten Hand ein weißgoldnes Licht strahlt." Sphärische Musik ertönt, und 74 Prozent der Menschen an den Geräten spüren spontan etwas. Das jedenfalls bekunden sie in einer TED-Umfrage, die sofort nach dem Äther-Versand der heilenden Energien durchgeführt wird.

Rückenschmerzen verfliegen zuhauf, fast Tauben öffnen sich auf wundersame Weise wieder die Ohren, hängende Augenlider heben sich, und selbst ein Hund, so vermerkt das Anruf-Protokoll des Senders, erlebt spontan die Genesung von einem langjährigen Hüftleiden. Die Flut von Briefen, die anschließend die Schreinemakers-Redaktion erreicht, erweckt den Eindruck, halb Deutschland mindestens wäre jetzt spontan von allen Leiden befreit. Eli Lasch kann sich vor Patientenanfragen kaum noch retten. Seine persönliche Gesundung, da verstummen selbst Zweifler, scheint langfristig gesichert.

Wir sind skeptisch. Heilende Hände? Magic Fingers? Eine Illustrierte versteigt sich gar zur Titelzeile „Der Messias von Berlin". Wer will da noch auf Elis Huber hören, den Präsidenten der Berliner Ärztekammer, der noch kurz vor der Sendung an Laschs Ärzte-Ethos appelliert hatte. Vergebens.

Als Deutschland sich so richtig im Rausch des neuen Heilerwahns befindet, beschließen wir, uns mit dem Thema kritisch auseinanderzusetzen. Lasch der Scharlatan? Wir laden ihn ein und haben einen Plan.

Wir veranstalten einen Test. Sechs Personen, die über Rückenschmerzen klagen, lassen wir tagsüber außerhalb des Studios von Eli Lasch und seinen magischen Händen behandeln. Am Abend bitten wir sie an die Nachtcafé-Bar und werden erst mal entwaffnet. Vier der sechs Probanden berichten über deutliche Verbesserungen oder gar von Schmerzfreiheit. Selbst die restlichen zwei glauben wenigstens einen Hauch von Erleichterung zu spüren. Eine Momentaufnahme sicherlich, aber trotzdem verblüffend. Wer heilt, hat recht.

Schon etwas kleinlaut frage ich den Meister, wie er das schafft. „Keine Ahnung." Aber dann spricht er doch von der Energie, die mutmaßlich durch ihn als Kanal hindurch zum kranken Körperteil fließt, um dort Gutes zu tun. Fast wie das „Prinzip Uriella", denke ich.

Spontane Zustandsverbesserungen in einer suggestiven Heilsituation, so kommentieren die Fachleute später in der Sendung, seien in der Tat keine Seltenheit, erneute Verschlechterungen allerdings auch nicht. Wir hätten unsere Testpatienten doch einer längeren Beobachtung unterziehen sollen. Schade. Aber Doktor Lasch und sein so rasch erblühtes Gewerbe haben wir weiterverfolgt.

Als er drei Jahre später wieder bei uns weilt, ist er ein Mann im Kreuzfeuer der Kritik. Die Medien hatten ihn nach oben katapultiert. Jetzt befördern sie ihn in die Gegenrichtung. „Am heilsten ist sein Konto", schreibt eines der Boulevardblätter, das ihn noch kurze Zeit zuvor in Ehrfurcht begleitet hat. Aber es stimmt: In seiner neuen großen Praxis herrscht mittlerweile eine Art Fabrikbetrieb. Bis zu sieben Unterheiler assistieren angeblich bei der Bewältigung des Massenandrangs. Es häufen sich Klagen über des Wunderheilers Drei-Minuten-Medizin und immer mehr auch über die Qualität seiner angeblichen Erfolge. Heilsuchenden, denen die wochenlangen Wartezeiten zu lang sind, wird für 250 Mark die Fernheilung auf dem Postwege empfohlen, was klar gegen die Regeln der ärztlichen Kunst verstößt. Auch wenn Krebs- und Aidspatienten in oft letzter Hoffnung nach dem Strohhalm Lasch greifen, sagt er selten nein.

Im Elsaß hat der inzwischen Gutbemittelte ein schloßartiges Anwesen inklusive zugehörigem Park erworben. Eine Stätte der Heilung, der Forschung und der Lehre soll daraus werden. „Sie haben mich reich gemacht", hatte Lasch noch am Abend seines Fernsehheilens zu Margarethe Schreinemakers gesagt. Ein Satz von seherischer Dimension.

Wir stehen jetzt zum zweiten Mal an der Nachtcafé-Bar nebeneinander, und ich weiß inzwischen, daß sein Professorentitel kein realer ist und sein Curriculum vitae auch sonst etliche Fragen aufwirft. In meinen Fragen konfrontiere ich ihn mit der langen Liste an Vorwürfen, die ihm und seiner Kunst in letzter Zeit zuteil wurden.

Der Beklagte gibt sich ungebrochen kämpferisch: „Ich bitte

die Ärzteschaft, die Sache zu überprüfen, ich stelle mich und mein Material zur Verfügung. Jeder Außenseiter wird erst mal angegriffen", sagt er und spricht über andere zunächst verkannte Kollegen, über Paracelsus, Pasteur und Semmelweiß ...

„Eine hehre Ahnenreihe, in die Sie sich stellen", sage ich.

Weitere sechs Jahre sind vergangen, als wir für die Vorbereitung dieses Buches noch einmal nach ihm fahnden. Nein, er heile heute nicht mehr, sagt der 73jährige. Schon 1999 habe er die Praxis aufgegeben. Er hatte den Streit satt. Nach all dem habe er erst einmal weggewollt aus Deutschland. Polizisten seien mitten bei der Arbeit in seine Praxis gestürmt und haben Unterlagen beschlagnahmt. Jahrelange Prozesse folgten. Aber verloren habe er keinen. Nur ein betrügerischer Geschäftsführer, dem er aufgesessen sei, der habe ihn dann auch noch materiell ruiniert.

Heute lebt Dr. Eli Lasch zurückgezogen wieder in Berlin und beschäftigt sich mit ökonomisch weniger riskanten Unternehmungen, mit der Auslegung der Bibel. „In der Figur des Moses", sagt er, „sehe ich Ähnlichkeiten zu mir. Deshalb empfehle ich Ihnen, lesen Sie im Internet meinen Artikel über Moses!"

Urköstler Franz Konz

Nach dem Abgesang auf die hohe Zeit des Geistheilers Lasch 1996 an der Bar des Nachtcafés erwartet mich in der Runde bereits der nächste Prophet eines besseren Lebens. Er heißt Franz Konz und ist mit seinen Büchern über „Tausend ganz legale Steuertricks" bekannt und betucht geworden. „Zum Glück nicht noch ein Geistheiler!" denke ich. Franz Konz ist keiner und braucht keinen. Er ist „Urköstler", was soviel heißt, daß er nur roh verspeist, was die wilde Natur an Pflanzlichem so liefert. Vor Beginn unserer Sendung ist er in den Park ausgeschwärmt und hat sich einen Vorrat an Löwenzahn organisiert. Jetzt knabbert er dran und grinst Eli Lasch verschmitzt an. Einen Arzt oder Heiler hat er seit Jahrzehnten nicht gesehen.

Nur nicht an das Ende denken

Begegnungen mit Alter und Tod

„Ich habe oft nachgedacht über Jenseits und Reinkarnation, aber ich bin zum Schluß gekommen, was die verschiedenen Religionen versprechen, ist nicht nur physikalisch unmöglich, das ist auch der Logik nach ausgeschlossen. Deshalb kann ich daran nicht glauben. Deshalb werde ich mich nach meinem Tod einfrieren lassen. Ich bin mir nicht absolut sicher, daß ich dann wiedererweckt werde, aber ich sehe darin die einzige Möglichkeit, eine gute Chance."

Der Gast, der diese Worte spricht, ist ein „Kryoniker", einer, der sich unter Nutzung der Gefriertechnik dem entziehen möchte, was – Religionen hin, Religionen her – so sicher zu sein scheint wie das Amen in der Kirche: dem Ende allen irdischen Seins.

Die notwendigsten Vorkehrungen hat der 36jährige Informatiker bereits getroffen: „Falls ich unheilbar krank bin, bestelle ich mir das Einfrierteam der Organisation ‚Alcor' ans Krankenbett. Wenn mein Herzschlag aussetzt, werden sie sofort mit der Kühlung beginnen, werden den Kreislauf aufrechterhalten, damit das Gehirn weiterhin mit Sauerstoff versorgt wird. Dann werden das Blut und die anderen Körperflüssigkeiten durch eine Salzlösung mit Glycerin ersetzt. Die Langzeitlagerung erfolgt dann bei der Temperatur des flüssigen Stickstoffs, bei Minus 196 Grad. Bei dieser Temperatur gibt es keine chemischen Reaktionen mehr, keine Zerfallsvorgänge ..."

„Sterben? – Bloß nicht dran denken!" Als Tiefkühlfreund Klaus Reinhardt im Nachtcafé seine persönliche Lösung entwickelt, rühren sich widersprüchliche Gefühle im Saal: Erschaudern und Ergötzen.

Reinhardts Plan ist schon weit gediehen. Er ist Mitglied bei „Alcor", der „Life Extension Foundation" in Phoenix/Arizona, in deren kaltdampfenden Stickstoffkesseln bereits eine ganze Reihe vorläufig abgetretener Kryoniker eingelagert sind, auftaubereit für bessere Zeiten. Unser Gast hat seine Zukunft in der Kühlbox mit einer Zahlung von 35 000 Dollar gesichert, ein ausgesprochener Discountpreis. Allerdings auch eine Billiglösung, denn für diesen Betrag kann nur der Kopf und nicht der gesamte Corpus eingelagert werden. Aber versierte Kryoniker wissen natürlich: Auf den Kopf kommt es an: „Das Gehirn ist nicht ersetzbar", erfahren wir, „alle anderen Organe, aber nicht das Gehirn, das ist der Sitz der Persönlichkeit. Ich erwarte, daß man den Rest durch Klonen rekonstruieren kann, so daß ich dann in einem neuen, jungen und gesunden Körper weiterleben werde."

Eine aparte Perspektive, wenn es da nicht das Problem mit den Gefrierschäden gäbe, ein Phänomen, das jedem Tiefkühltruhenbesitzer vertraut sein dürfte. Je länger die Lagerung, um so mehr wird den Zellen Feuchtigkeit entzogen. Die Kälte saugt sie richtiggehend aus. Ob einem solchen Schrumpfkopf wieder Lebensgeister einzuhauchen sind, das weiß selbst Klaus Reinhardt nicht mit Sicherheit zu sagen.

Die übrigen Gesprächspartner in der Runde haben andere Sorgen: Wird er denn, wenn er irgendwann auf eine künftige Menschheit wieder losgelassen wird, sich überhaupt noch in der Welt zurechtfinden?

Kryoniker halten solche Fragen für sekundär. „Die Alternative ist doch, unter der Erde zu liegen oder verbrannt zu werden, sich in Asche aufzulösen oder von Würmern und Schimmelpilzen gefressen zu werden. Darüber denken die Menschen zu wenig nach!"

Wann ist die Wissenschaft so weit, wann wird seine persönliche Auftauzeit gekommen sein? „So etwa in 250 Jahren", rechnet er.

Ich gebe der Hoffnung Ausdruck, daß die Organisation „Alcor" ihre Stromrechnungen bis dahin stets pünktlich bezahlen möge und denke mir, so groß ist das eingegangene Risiko eigentlich nicht. Auch wenn in zweieinhalb Jahrhunderten außer Spesen nichts gewesen sein sollte, Klaus Reinhardt wird sich auch dann nicht darüber ärgern können.

Der Traum vom ewigen Leben – ein ewiger Menschheitstraum, zumindest so lange seine Verwirklichung hienieden gnädigerweise noch auf sich warten läßt.

Meinem Gast in der Sendung vom November 1993 ist eine Aussage vorausgeeilt: „Ich bin nicht lebensmüde, ich bin lebenssatt. Ich will nicht mehr." Worte anläßlich seines Geburtstages, seines 85. –

Ich kenne ihn seit meiner Kindheit. Nicht persönlich. Zuerst aus dem Radio, dann auch aus dem Fernsehen. Ein schwäbischer Komiker: Häberle. Der Häberle „von Häberle und Pfleiderer", Prototyp und zugleich Karikatur des Stammes, der angeblich alles kann außer Hochdeutsch: „Soo, soo – Jaah, jaah!"

Oskar Heiler

Er kennt mich auch. Ebenfalls nur aus dem Fernsehen. Oscar Heiler ist bekennender Nachtcafé-Fan. Das gibt er beim ersten Anruf der Redaktion gleich zu erkennen und sagt zu.

„Werden wir zu alt?" Die Frage, die über unserer Sendung steht, hat unser Gast für sich längst beantwortet.

Oscar Heiler ist gehbehindert. Auf den ersten Blick fällt auf, heute ist er besonders schlecht zu Fuß, hat Mühe, sich überhaupt fortzubewegen.

An den Stock ist er gewöhnt. Mit 24 Jahren bereits hat ihn ein Schicksalsschlag schwer getroffen: Nach einem Sturz auf der Bühne wurde ein Krebsgeschwür in der linken Kniekehle diagnostiziert. Damals ein Grund für eine Amputation. Seine Lebensfreude, seine Leidenschaft für die Bühne konnte auch das nicht brechen. „Vielleicht habe ich damit sogar Glück gehabt", sagt er, „ich mußte nicht in den Krieg."

Sein Vater, ein Stuttgarter Hotelier, war früh gestorben. Der Vormund schickte Oscar aufs humanistische Karlsgymnasium. Dort entflammt er fürs Theater. Obwohl man ihn zu einer soliden Buchhändlerlehre verdonnert, bahnt sich die künstlerische Obsession beharrlich weiter ihren Weg.

Als Lehrling im Buchladen trifft er zum ersten Mal auf den bereits populären Volksschauspieler Willy Reichert. Der Kontakt hat Langzeitfolgen. Zunächst als Notnagel für die ausgefallene Erstbesetzung, dann für immer gibt Oscar Heiler als Gegenüber von „Pfleiderer" Reichert den Häberle im Stuttgarter Kabarett Excelsior: über 200 Sketche, die heute eine Legende sind.

Reichert, der schon Berühmte, bleibt der Dominante, macht Heiler meist zum Stichwortgeber für seine Pointen, lobt angeblich in vierzig Jahren kein einziges Mal. Jahre nach Reicherts Tod holen Claus Peymann und seine Leute den schon Betagten für mehrere Produktionen auf die Bühne des Stuttgarter Staatstheaters. Ein später Triumph, jenseits von Häberle und Willy Reichert ...

Jetzt ist er 87. Und als wir vom Hotel zum Favorite-Schloß aufbrechen, erzählt er mir leise und fast unter Tränen: „Wissen Sie, ich habe so große Angst, daß ich auch noch mein zweites Bein verliere. Der Krebs rührt sich wieder."

„Gott sei oben Dank", sagt er, als die Kameras auf ihn gerichtet sind, „bin ich geistig noch voll und ganz da. Aber ich muß in nächster Zeit wieder ins Krankenhaus ..." Und dann fügt er knitz schmunzelnd hinzu: „Wissen Sie, ich bin nicht nur ein Humorist, ich bin auch ein ‚Tumorist' geworden im Lauf der Jahre. Aber das erschreckt mich nicht mehr so arg, gell!"

Hinter seinem Sarkasmus funkelt der Charme. Man versteht, warum dieser Mann trotz Stock und Holzbein immer auch ein Frauenliebling war. Gut verheiratet sei er gewesen, 54 Jahre, aber an ziemlich langer Leine, worauf er bei der Schilderung besonderen Wert legt. „Aber vor zehn Jahren ist meine Frau gestorben. Seither bin ich also allein. Sie glauben gar nicht, wie ich mich manchmal nach ein bißchen Zärtlichkeit sehne. Nach ein bißchen streicheln, in den Arm nehmen, nett sein, zart sein, Wärme ..."

Nein, das Alter ist für ihn keine rechte Freude mehr! „Ich komme mir zwar nicht gerade vor wie ein 87jähriger, aber manchmal merke ich schon saumäßig, daß ich ein Gruftie bin." Diese Abhängigkeit, wenn man nicht mehr ohne fremde Hilfe aus dem Haus kann! Alles wird mühsamer, alles dauert länger.

Es gibt aber noch immer Anfragen nach Auftritten. Und wo Heiler auf der Bühne steht, sind die Säle voll. Er kann es sich jetzt leisten auszuwählen, kann, wann immer er will, auch „nein" sagen, diese Freiheit des Alters wenigstens gönnt er sich.

Zu vielen Fragen, die in dieser letzten Lebensphase zählen, hat er sich Gedanken gemacht. Auch darüber: „Man sollte so human sein und dem Menschen das Recht auf sein Leben und auf seinen Tod gönnen."

Oscar Heiler ist ein vehementer Befürworter der Sterbehilfe, nicht der aktiven unbedingt, aber jeder sollte die Möglichkeit haben, das richtige Rezept zu bekommen, wenn es soweit ist. Wenn Oscar Heiler über Sterbehilfe redet, redet er zugleich auch über sich. „In dem Moment, in dem es nicht mehr gehen sollte, durch irgendwelche Umstände, würde ich meinem Leben ein Ende setzen", sagt er mit fast stoischer Ruhe und fester Entschlossenheit. „Sie sind sich ganz sicher?" „Ja, ja, gar keine Hemmungen. Ich habe seit Jahren die Mittel dafür zu Hause. Ich könnte mein Leben jederzeit beenden. Bisher war noch nicht der Anlaß dazu, aber wenn der Moment kommen würde ..." Und dann fügt der ehemalige Karlsschüler noch ein paar Zeilen von Sophokles hinzu: „Dadurch, ihr Götter, macht ihr Schwache stark, darin Tyrannier zu Schande, der Mensch der Lebensfessel satt, hat da die Macht, sich selber zu befreien."

Wenige Tage nach dem Besuch im Nachtcafé verlangt die Krankheit immer stärker ihren Tribut. Seine letzten beiden Wochen verbringt Oscar Heiler im Frühjahr 1995 in einem Stuttgarter Sterbehospiz. „Ich habe viel gelitten und bin froh, jetzt schmerzfrei sterben zu können", sagt er in seinem letzten Interview. –

Über das Ende nachzudenken, schonungslos, oder gar darüber mit anderen zu sprechen, fällt den meisten Menschen unendlich schwer. Der Tod ist in unserer Gesellschaft noch immer ein lebendiges Tabu.

Vielleicht treffen Sendungen zu diesem Thema deshalb auf ein so überdurchschnittliches Interesse: weil sie Fragen behandeln, die sich viele selbst nicht zu stellen trauen.

Im tristen Monat November, wenn auch die kirchlichen Feiertage nur ein Thema kennen, denkt man auch in Redaktionsstuben häufiger an die irdische Endlichkeit.

Im Herbst 2001 planen wir das Thema „Tod und Sterben – Vom Umgang mit einem Tabu". Es soll eine der bewegendsten Sendungen werden, an die ich mich erinnern kann.

Wenn alte Menschen sterben, „lebenssatt" vielleicht, wie Oscar Heiler, dann ist es ein Abschied. Schwer genug zu ertragen und zu bewältigen für alle, die diesem Menschen verbunden sind.

Wenn aber ein junger Mensch sterben muß, herausgerissen wird aus dem erst beginnenden Leben, dann sprengt dies die Dimension des Faßbaren, dessen, was noch zu ertragen ist.

Jessica Stockmann ist Schauspielerin. Bekannter als durch ihren Beruf wurde sie als Frau des Tennisspielers Michael Stich, von dem sie mittlerweile wieder geschieden ist. Mit ihm verbunden aber ist sie immer noch: freundschaftlich und vor allem durch die Stiftung, die die beiden 1994 gemeinsam gegründet haben: die „Michael-Stich-Stiftung" für HIV-betroffene Kinder.

Die Stiftung hat viel bewegt in einem Feld, in dem die Grenzen noch immer klar gesteckt sind: Wirklich zu retten sind die Kin-

der, die bereits mit einer Aids-Infektion zur Welt kamen, auch heute noch nicht. Aber das Leben lebenswerter und auch länger werden zu lassen, dazu können die von Spendengeldern finanzierten Arztstellen und viele weitere Aktivitäten der Stiftung erheblich beitragen.

Die Ausrichtung der Stiftung hat mit Jessica Stockmann ganz persönlich zu tun. Mit einem schweren traumatischen Erlebnis. Mit dem Verlust der ersten großen Liebe ihres Lebens.

Über die wahren Hintergründe der Geschichte, die sie im November 2001 im Nachtcafé erzählt, hat sie zehn Jahre lang Stillschweigen bewahrt. So hat sie es ihrem Freund bei seinem Tod fest versprochen. Und sich daran gehalten.

Sie waren ein Paar wie aus dem Bilderbuch, beide Anfang 20, gutaussehend, erfolgreich, zwei auf der Sonnenseite des Lebens. Michael Westphal, Jessicas Freund, ist ein hoffnungsvoller Tennisspieler. 1989, er ist gerade 23 Jahre alt, erfährt er von seinem Arzt: Er ist HIV-positiv.

Wie durch ein Wunder ist Jessica Stockmann nicht infiziert. Das Wissen über Aids hat zu dieser Zeit noch längst nicht den Stand von heute. Aufklärung und gesellschaftliche Akzeptanz auch nicht.

Daß ihr Freund verloren ist, diesen Gedanken will sie auf keinen Fall zulassen, weder bei sich noch bei ihm.

Im Nachtcafé wird die Erinnerung an die Gefühle von damals wieder wach: „Ich wollte das nicht wahrhaben. Ich denke, wenn man mit jemandem zusammenlebt, einem, der einem sehr nahesteht, der eine tödliche Krankheit hat, dann will man das nicht wahrhaben. Man redet sich immer wieder Hoffnung ein und denkt, es wird wieder gut. Ich habe mir nie vorstellen können, daß ich Weihnachten auf einmal alleine bin. Ich habe mir anscheinend eingeredet, wir werden trotzdem 120, oder so."

Jessica Stockmann pflegt den kranken Freund. Sie sieht, wie er immer weniger wird. „Warum?" fragt sie sich, „warum er?"

Sie kämpft um sein Leben, drei Jahre lang, bis zu seinem Tod. Als er stirbt, ist er 25, sie gerade 23 Jahre alt. „Ich bin in diesem Moment einfach ein bißchen zu schnell erwachsen geworden", beschreibt sie die Veränderungen, die sie damals an sich gespürt hat. „Ich habe tiefe Momente gehabt, sehr traurige Momente, lange, lange Jahre noch. Ich habe angefangen, mich über überhaupt nichts mehr aufzuregen, weil ich gedacht habe, das ist doch nichts im Vergleich zu Aids. Als ich dann irgendwann später eine Untertasse beim Abspülen fallen ließ und ich zu meiner Verwunderung ‚Scheiße' rief, da wußte ich, ich bin wieder da."

Die Annahme, daß die direkte Begegnung mit dem Tod den Umgang mit dem Unausweichlichen in Zukunft leichter machen könnte, bestätigt sich bei Jessica Stockmann nicht: „Ich habe schon als kleines Kind große Angst vor dem Sterben gehabt, und ich kann nicht behaupten, daß diese Angst abgenommen hat. Durch die Stiftung habe ich inzwischen viele Kinder kennengelernt, die gestorben sind, Kinder, die ich begleitet habe. Ich finde es einfach nur schrecklich.

Als ich meine Tochter aus Indien adoptiert habe, habe ich mich auch mit Indien beschäftigt, habe versucht, mich zum Beispiel mit Reinkarnation auseinanderzusetzen, weil ich gedacht habe, vielleicht könnte das helfen. Wenn du stirbst, dann ist da ja die Wiedergeburt. Aber auch das funktioniert nicht. Ich habe eine Heidenangst!"

„Bitte, bitte...!" – Einem anderen Nachtcafé-Gast in dieser Sendung klingen die beiden Wörter noch immer schauerlich im Ohr. Ihr Mann hat sie gerufen, gewimmert. Sie versteht, was er meint: „Bitte, bitte laß mich sterben!" Er fleht sie an, ihn das vollenden zu lassen, was er gerade tun wollte: sich das Leben nehmen.

Die Frau, die von dieser Situation erzählt, ist Heidelinde Weis, eine Schauspielerin von Format. Gleich eine ganze Reihe von

Filmrollen fallen einem bei ihr ein, zuallererst vielleicht „Die Tote von Beverly Hills". Aber auch Theaterstücke und später immer mehr Fernsehen. „Die Frau in Weiß" wird einer ihrer größten Erfolge.

Etwas anderes fällt auch auf an ihrer Vita: Man hört zwar in letzter Zeit wieder mehr von ihr. Aber davor war es für Jahre ruhig um sie geworden, auffallend ruhig. Es hatte seinen Grund.

1988. Sie ist gerade auf Theatertournee. Da erreicht sie der Anruf, ihr Mann sei gerade mit einer schweren Gehirnblutung ins Krankenhaus eingeliefert worden. Es steht nicht gut um ihn.

Hellmuth Duna, Theaterproduzent und 21 Jahre älter als Heidelinde Weis, ist nicht nur ihr Ehemann, sondern im wahrsten Sinn der Mann ihres Lebens.

Sie ist erst 19, als sie heiraten, kaum einer glaubt damals, daß das lange hält.

In der unsteten Welt des Films und des Theaters werden die beiden zu einer Ausnahmeerscheinung. Sie geben sich gegenseitig viel Raum und gewinnen eine dauerhafte Nähe, eine, die ihresgleichen sucht.

1972, eine erste Bewährungsprobe: Während der Dreharbeiten zum Film „Diamantenparty" erkrankt Heidelinde Weis an einer

Störung des zentralen Nervensystems. Sie leidet unter Schwindelanfällen und Lähmungserscheinungen. Die Genesung zieht sich hin. Aber ihr Mann ist für sie da, fängt sie auf. Sie beginnt trotz der gesundheitlichen Einschränkungen eigene Lieder zu schreiben und aufzunehmen und meldet sich damit auf die Bühne zurück.

Und jetzt, 16 Jahre später: er.

Heidelinde Weis erzählt mit einer Intensität, wie ich sie in all den Jahren selten erlebt habe:

„Als mir die Ärztin sagte, daß er nicht mehr sprechen kann, da war mein erster Gedanke: Und das meinem Mann, mit seiner Dialektik, seinem Wortschatz! Der konnte alle in Grund und Boden reden und hat alles erreicht, weil er so gut reden konnte."

„Ich war tatsächlich mitten in einer Theatertournee, die noch vier Wochen dauerte. Ich bin sofort nach München geflogen. Als ich ihn sah, habe ich gedacht, die Ärzte haben zwar gesagt, das wird nichts mehr, aber ich habe gesehen, daß sich sein kleiner Finger, der auch angebunden war, leicht bewegt hat. Da habe ich mir gedacht, den hole ich da wieder raus ..."

Vier Wochen lang reist Heidelinde Weis von den Tourneeorten mit Flugzeug oder Bahn täglich zu ihm ans Krankenbett.

Sie läßt ihn in eine andere Klinik verlegen und stellt leichte Verbesserungen seines Zustands fest. Ihre Berufstätigkeit schränkt sie jetzt stark ein, konzentriert sich ganz auf ihn, versucht ihm wieder das beizubringen, was ihn als Person so stark machte: das Sprechen.

„Es war manchmal schwer, weil man oft so hilflos ist. Aber es war auch manchmal wunderschön. Die Freude über diese winzigkleinen Erfolge, die ist so groß, das kann man gar nicht beschreiben. – Er hatte panische Angst vor dem Alleinsein. Es war unmöglich, ihn allein zu lassen. Nur das Gassigehen mit dem Hund, das war erlaubt. Bei diesen Spaziergängen habe ich dann oft geheult, konnte mich ein wenig gehenlassen. Dann kam ich zurück, habe die Tür aufgemacht und – zack – ging's wieder los."

Hellmuth Dunas Zustand verbessert sich nicht entscheidend. Er bleibt ein Mann, der permanente Pflege braucht. Zehn Jahre lang weicht Heidelinde Weis kaum von seiner Seite.

„Machen Sie alles, was nur möglich ist, daß es ihm gutgeht", sagt sie im Februar 1998 dem Arzt im Krankenhaus, der einen operativen Eingriff nicht mehr für sinnvoll hält. Eine Woche lang harrt sie bei ihm auf der Station aus, dann schickt der Arzt die völlig übermüdete Frau nach Hause. Sie ist noch nicht eingeschlafen, als die Todesnachricht eintrifft.

Der Tod als Erlöser? „Das erste Jahr empfand ich wie eine Befreiung. Er war befreit. Bei der Trauerfeier haben wir Champagner getrunken, sind auf der Terrasse gestanden und haben gesagt: ‚Flieg und hab's gut und sei frei!'"

„Erst im zweiten Jahr habe ich gefragt: ‚Für was hast du das gemacht? Was ist jetzt da?' Ich stellte fest, daß ich inzwischen zehn Jahre älter geworden war. Ich bin ja nicht mehr 47, ich bin 57! Diese Zeit war für mich wie eine Nullzeit. Ich war wie paralysiert. – Erst in diesem zweiten Jahr, da habe ich wieder angefangen, ‚ich' zu werden." –

Zehn Lebensjahre als Liebesopfer. Die guten wie die schlechten Zeiten zu teilen, so selbstverständlich konsequent gelingt es wenigen. Heidelinde Weis, so vermute ich, wird in ihrer persönlichen Lebensbilanz nicht darüber traurig sein.

Ein Leben in gegenseitiger Liebe, viele Jahre mit ein- und demselben geliebten Partner. Das romantische Ideal besitzt in unseren Tagen den Leumund einer unrealistischen Verklärung. Aber allem modischem Pessimismus zum Trotz: Im Nachtcafé haben wir manch älteres Paar erlebt, das dafür stand.

Der Mutter des Gastes Christoph Beyer, der Heidelinde Weis gegenübersitzt, war so eine Erfahrung nicht vergönnt. Was ihr Leben geprägt hat, sind Enttäuschungen, immer wieder Enttäuschungen. „Passiv und pessimistisch" sei sie ein Leben lang gewesen, berichtet der Sohn. Nur ihren letzten Weg, den habe sie konsequent in die Hand genommen, den Weg zur Sterbehilfe in der Schweiz. Und Christoph, ihr Sohn, hat sie zusammen mit seiner Schwester dabei begleitet.

Maria Ohmberger ist 61 Jahre alt und will nicht mehr leben. Ihr Krebsleiden ist so weit fortgeschritten, daß Heilung einem Wunder gleichkäme. Zwei bis drei Monate geben ihr die Ärzte noch. Was soll jetzt noch Positives kommen, wo doch schon das

Leben zuvor wenig Gutes, dafür aber ein Übermaß an Härte für sie bereithielt: „Meine Mutter war alles andere als eine glückliche Frau", sagt Christoph Beyer und weiß, daß er als ihr frühes uneheliches Kind auch zu den Gründen zählt.

Sie lebt im Schwarzwald, arbeitet in der Fabrik. Keine unansehnliche Frau. Doch im Leben sich zu behaupten, hat sie nicht gelernt. Ihre Liebesbeziehungen sind schwierig. Über Heiratsanzeigen kommen vier Ehen zustande. Sie scheitern allesamt.

Als sie Mitte dreißig ist, meldet sich der Krebs zum ersten Mal. Sie kommt in ein Krankenhaus und sieht das elende Sterben um sie herum. Nach fünf Jahren ist sie die einzige aus dem großen Krankenzimmer, die noch am Leben ist. Ihre Großmutter, ihre Mutter, beide sterben an genau derselben Krebserkrankung, die bei ihr drei Jahrzehnte später erneut ausbricht.

Auch ihre Tochter ist krank. Multiple Sklerose. Und Sohn Christoph arbeitet Tausende von Kilometern entfernt im Ausland. Als der Krebs bei ihr diagnostiziert wird, ist es bereits zu spät.

„Der 1. Oktober 1999 wird mein Todestag sein, hat sie mir gesagt. Da wußte ich, sie meint es ernst." Christoph Beyer, der von seinem Arbeitsplatz in der Nähe von Moskau zu uns gereist ist, schildert in klaren, eindrucksvollen Worten den entschlossenen letzten Weg seiner Mutter.

Aus dem Fernsehen hatte Maria Ohmberger von den Möglichkeiten zur Sterbehilfe in der Schweiz erfahren. Dort dürfen Ärzte, anders als bei uns, unter bestimmten Voraussetzungen ein tödliches Medikament verschreiben.

Organisationen wie „Dignitas" zum Beispiel bieten den Rahmen und die erforderliche Begleitung dafür. Und an diese Adresse wendet sie sich. Sie wird der erste Fall sein, der aus dem Ausland kommt. Ihre beiden Kinder sollen sie begleiten.

Eine Woche vor ihrem Sterbetermin fahren sie in ein Altersheim in der Schweiz, in dem sie eine „Sterbehelferin" von Dignitas empfängt. Die Organisation verlangt diesen Aufenthalt. Er soll letzte Klarheit über die Entschiedenheit des Todeswillens bringen.

„Es gibt jeden Tag Gespräche, Gespräche nicht nur über den

Tod", berichtet Christoph Beyer, „es waren sogar lustige Gespräche zum Teil."

Als die sieben Tage zu Ende gehen, ist ihnen fast schon der Gesprächsstoff ausgegangen. Es ist alles gesagt.

Am 1. Oktober geht die Fahrt weiter, zum eigentlichen Sterbeort. Dignitas hat für diesen Zweck in Zürich eine Wohnung angemietet und mit dem Allernötigsten ausgestattet. Der Sohn schildert die letzten Stunden:

„Sie ist ins Badezimmer gegangen, hat sich umgezogen. Die Sterbehelferin hat gefragt: ‚Maria, willst du noch einmal allein bleiben mit den Kindern?' ‚Ja, vielleicht noch eine halbe Stunde.' – Als die Sterbehelferin wieder zurückkam, hat sie gefragt: ‚Bist du bereit, bist du soweit?' ‚Ja, ich will gehen.' – Wir haben einen Schluck Portwein zusammen getrunken. Dieses Mittel, das man einnimmt, ist ein Natriumbarbiturat und schmeckt ein bißchen bitter, und der Portwein soll diesen Geschmack übertünchen. Sie hat den Becher genommen und gesagt: ‚Ich muß jetzt leider gehen, Kinder.' Dann hat sie sich zur Wand umgedreht und gesagt: ‚Ich möchte euch dabei nicht anschauen' und hat den Inhalt in zwei, drei Zügen getrunken.

Ich habe sie noch ein paar Schritte geführt. Sie hat sich hingelegt auf das Bett, ihr letzter Satz war wie aus einem Hollywoodfilm: ‚Ist es nicht wunderschön, so zu sterben?' – Dann wollte sie noch etwas sagen, konnte aber nicht mehr. Sie ist in diesen tiefen Schlaf verfallen, der dem Sterben vorausgeht. Die Dosis des Barbiturats ist zehnfach überhöht, damit der Tod wirklich gewährleistet ist." –

„Es war ein sehr würdevoller, sehr ruhiger Tod", sagt Christoph Beyer noch. „Es war ein Tod, wie sie ihn sich wünschte."

Es ist still im Nachtcafé, als er diese Sätze spricht.

Am Ende suchen alle nur das Eine, das Glück

Das kleine runde Ding zwischen meinen Fingerspitzen sieht aus wie eine Pille. Es ist aber keine. Es ist ein simples Bonbon. „Sie sind doch eine phantasievolle Frau", sage ich zu meiner Nebensitzerin und halte es ihr unter die Nase, „schauen Sie mal, was ich hier habe …" „Aber ohne Brille kann ich das nicht sehen!"

Zweiter Versuch: „Stellen Sie sich vor, dies wäre die nebenwirkungsfreie ‚Für-immer-jungs-Pille'. Würden Sie sie nehmen?" Antwort: „Mit Sicherheit nicht, weil ich jede Pille zu nehmen vergesse."

„Für immer jung", sagt sie, „das wäre ein ganz furchtbarer Gedanke. Ich finde, ich bin jetzt schon zu alt. Ich will nicht ‚jünger älter werden'. Im Gegenteil, wenn mir jemand die Pille zum ‚nicht mehr Leben' geben würde, würde ich sie vermutlich nehmen."

Die Frau, die solches spricht, ist ein Weltstar. Eine Diva möchte sie zwar nicht sein, aber eine „Göttliche" ist sie schon, eine, die mit ihren jetzt 60 Lenzen noch immer den Schalk im Nacken sitzen hat: Anja Silja, die große Sängerin, meint es mit dem Wunsch nach baldigem Ableben am Ende vielleicht doch nicht ganz so ernst.

Aber mit der Materie hat sie sich in den letzten Jahren umfänglich beschäftigt. Künstlerisch. Fast könnte man sagen, sie hat sich darauf spezialisiert. In Leos Janaceks Oper „Die Sache Makropoulos" spielt sie eine Frau im Alter von nicht weniger als 337 Jahren. In den zurückliegenden 30 Jahren hat sie diese Rolle in sechs verschiedenen Inszenierungen mehr als 100mal gesungen.

Emilia Marty, die Hauptfigur, ist die Tochter eines Mannes, der als Alchemist am Hofe Rudolfs II. in Prag lebt. Ihr Vater hat für den Kaiser ein lebenserhaltendes Elixier erfunden. Mangels kaiserlichen Mutes wird das Mittel an der kleinen Emilia ausprobiert. Es funktioniert. Seit über 300 Jahren lebt sie jetzt schon. Doch die Formel für den lebenserhaltenden Trunk, ohne den sie jetzt bald sterben muß, ist ihr verlorengegangen. Als sie die Rezeptur nach mühevoller Suche wiederfindet, ist ihr die Lust am ewigen Leben allerdings vergangen.

In der Schlüsselszene hält sie die Formel für den Lebenstrunk in der Hand. Noch einmal will sie ihn sich jetzt nicht mehr mixen. Sie will sterben, endlich.

„Langeweile im Himmel, Langeweile auf Erden. Man spürt, daß die Seele längst gestorben ist", lautet die zentrale Botschaft ihres Gesangs.

Da scheint auch etwas an persönlicher Befindlichkeit mitzuschwingen, ein Gefühl, alles was dieser Planet zu bieten hat, schon erlebt zu haben: die großen Triumphe, die großen Lieben, die Verluste von Menschen, die ihr nahestanden: Wieland Wagner vor allen, ihr Förderer und Geliebter, und der belgische Dirigent André Cluytens, mit dem sie kurze Zeit bis zu dessen Tod zusammenlebte.

Sie selbst hatte als musikalisches Wunderkind begonnen. Dreieinhalb Oktaven Stimmumfang, vom Großvater entdeckt und gefördert. Bereits mit elf schlägt sie bei einem Gesangswettbewerb im Berliner Titania-Palast eine ganze Riege gestandener Musikhochschulabsolventen aus dem Feld.

Mit zwanzig singt sie zum ersten Mal unter der Regie von Wieland Wagner in Bayreuth. Die nächsten sechs Jahre, bis zu Wagners Tod, sollten die intensivsten ihres Lebens werden. Zusammen lieben, zusammen arbeiten. Sie singt in dieser Zeit sämtliche Sopranpartien seiner Inszenierungen. Ein Leben im Rausch.

André Cluytens, der ihr nächster Liebhaber und Gefährte wird, stirbt tragisch früh, wenige Monate nach Beginn ihrer Beziehung. Es folgen drei Jahrzehnte Ehe, aus der drei Töchter hervorgehen. Doch Christoph von Dohnányi muß damit fertigwerden, daß er nicht der Mann ihres Lebens ist. „Die Sehnsucht nach dem Unerreichbaren" nennt sie ihre Memoiren. Sie widmet sie Wieland Wagner und André Cluytens.

Im Nachtcafé zeigt sie wenig Neigung zu weiterer Lebensneugier: „Die Sinnlosigkeit der ewigen Wiederholung, die fängt ja jetzt, im Alter von sechzig, schon an. Im Beruf wiederholt es sich, in einer Beziehung wiederholt es sich, die Kinderprobleme, die Enkelkinderprobleme ... Es ist ein schrecklicher Gedanke, das Ganze jetzt noch einmal zu machen. Wie viele Affären, wie viele Beziehungen noch? Sie kriegen ja heute schon keine Beziehung über zehn Jahre über die Runde ..." Anja Silja verweigert den Survival-Cocktail, auf der Bühne wie im Leben.

Die Herrschaften, die sie im Nachtcafé umringen, verfolgen überwiegend andere Pläne. Der Schlankeste und Blondeste unter ihnen schreibt das Ziel gar auf das Titelblatt seiner vielen Bücher: „Forever Young". Dr. Ulrich Strunz, der Fitneß-Papst, ist das Model seines eigenen Credos. Er ist zwar noch nicht über 300 Jahre alt, aber 58 Jahre zählt er jetzt immerhin auch schon, rein rechnerisch zumindest. Mit 50 hat er seinem Internistenleben die entscheidende Wende ins Läuferische gegeben. Jetzt sagt er: „Ich werde Tag für Tag jünger!" Kurz vor der Sendung ließ er irgendwo fallen, er sei jetzt gerade sieben.

Wieland Backes mit Operndiva Anja Silja und Fitness-Papst Dr. Ulrich Strunz

Der Chefredakteur einer Männerzeitschrift, die überwiegend mit Waschbrettbäuchen handelt, ist auch dabei, ein promovierter Philosoph ausgerechnet. Dazu Klaus Eberhartinger, der ehemalige Frontmann der Band „Erste Allgemeine Verunsicherung", der inzwischen mit zunehmender Patina kämpft, und eine Serienschauspielerin, die ihren Körper zurechtmodellieren ließ, insbesondere die Brust, was, so weit zu erkennen, den gewünschten Effekt erzielen konnte.

So ungleich diese Versammlung daherkommt. Eines verbindet sie: Jung sein, jung bleiben ist für sie ein Synonym für Glück – zumindest für die Suche danach.

„Die Herrschaften schauen alle nach vorne", sage ich zu Anja Silja gewandt, „warum schauen Sie zurück?" „Alle glauben nach vorne sehen zu müssen, weil sie damit glauben, der Angst vor dem Alter entkommen zu können. Ich finde, man muß mit dem Älterwerden leben, mit den Erfahrungen und den Enttäuschungen, die man gesammelt hat, nur so kann man das Leben überhaupt ertragen. Das ist das Tolle am Leben, daß man die Glücksmomente, die man hatte, wirklich genießen kann, in einem Lebensalter, in dem man anfängt, sich zu erinnern."

Jede Menge denkwürdiges gelebtes Leben. Anja Silja hat viel davon aufgetürmt.

Ihr gegenüber der verkörperte Jugendwahn: Ulrich Strunz entwickelt mit dem strunztypischen salbungsvollen Timbre in der Stimme seine Lauf- und Ernährungsphilosophie. Bei einem Körperfettgehalt unter zehn Prozent erwartet er für sich eine Perspektive weit über die Hundertermarke hinaus. Auch Strunz, so denke ich nebenbei, läuft wohl im Hamsterrad.

Der Chefredakteur Dr. Frank Hofmann entwickelt die jugendspendende Philosophie seines Männerblattes und die operierte Schauspielerin die des jugendlichen Fleisches.

„So ein Busen ist doch eine schöne Gabe der Natur", moniere ich, „aber Silicon...?" Die Serienschauspielerin erklärt, daß sie ohne die segensreichen Eingriffe, das heißt bei natürlich fortschreitendem Faltenwurf, wohl keine Serienschauspielerin mehr wäre, zumindest nicht beim Privatfernsehen. Sie sei jetzt auch schon 42 und habe zum Glück rechtzeitig angefangen, sich vom

Fach der Geliebten auf die Rollen von Müttern erwachsener Töchter zu verlegen. „Sie könnten ja immer die Stiefmütter spielen", schlägt Anja Silja vor, „das ist besonders günstig."

Als Beleg für die Leitbilder des Männerblattes halte ich ein paar Titelseiten mit Waschbrettbäuchen in die Kamera. Nicht nur Bäuche, auch die zugehörigen Köpfe sind drauf. „Ich krieg' gar nichts gezeigt. Sie zeigen mir überhaupt keinen Mann!" empört sich der Opernstar neben mir. „Zeigen Sie es mir doch!" „Ich muß es den Zuschauern zeigen!" „Ich bin auch ein Zuschauer...!"

Ich halte ihr die Gazetten dicht vors Gesicht: „Ist es so etwas, was Sie anspricht?" „Ich habe keine Brille auf." Das alte Problem!

Nach dem Geburtsdatum weit jüngere Menschen als Anja Silja sitzen in dieser Sendung. Aber keine Lebendigeren.

Es gibt Gäste, die bleiben einem. Nicht wenige der inzwischen rund 1800 Kandidaten haften unverrückbar fest in meiner Erinnerung. Manche bringen mich beim Gedanken an sie auch noch nach Jahren zum Schmunzeln, ins Grübeln oder auch nur zu erneutem Kopfschütteln. Und manche bewegen mich noch mehr.

„Und wer war ihr allerliebster Gast?" lautet eine oft gestellte Frage.

Eine eindeutige Antwort ist unmöglich. Zu vielfältig dafür war die Klientel: Bekannte und Unbekannte, Reiche und Arme, Mächtige und Ohnmächtige, Schöne und solche, die von der Natur benachteiligt wurden – wir hatten sie alle da.

Aber so unüberbrückbar unterschiedlich sie zum Teil auch daherkamen: Wolfgang Joop und die politische Nonne Klarissa, Beate Uhse und die hochmoralische Redakteurin vom Kirchenblatt, Nina Hagen und die streitbare ZEIT-Mitarbeiterin Susanne Gaschke, Ariane Sommer und Robert Stadelober, Kurt Rebmann und Klaus Croissant... eines verband sie über alle Gegensätze hinweg: Glückssucher waren sie allesamt.

Was aber blieb besonders haften? Der überfallartige Kuß von Mutter Beimer? – Na gut, der auch!

Im Sommer 2001 besucht uns im Nachtcafé der Philosoph Wilhelm Schmid. Er hat eine „Philosophie der Lebenskunst" geschrieben, ein äußerlich nicht sehr dickes Bändchen, das es in kurzer Zeit zu einer erstaunlich hohen Auflage gebracht hat. Sein Inhalt hat die Menschen offenbar auch jenseits akademischer Zirkel angesprochen: Die Glückssucher, die Sinnsucher.

Es waren die Abstürze seines eigenen Lebens, die Schmid auf die Fährte der Lebenskunst gesetzt haben, Grenzsituationen, Extreme von Glück und Leid.

Der Bauernsohn aus Bayrisch-Schwaben lebt heute als Privatgelehrter in Berlin. Als er vor Jahrzehnten begann, die Welt hinter dem Horizont seines Heimatdorfes zu erkunden, mußte er beruflich erst ein paar Irrwege gehen und, wie er sagt, „teuflische Leidenschaften" erleben, die ihn fast an den Rand brachten, tragische Liebesgeschichten, die ihn „bis aufs Blut verletzten". Die Verzweiflung an sich selbst ist für Wilhelm Schmid der entscheidende Anstoß, „der Sache auf den Grund zu gehen". Philosophie statt Psychotherapie.

Die Lebenskunst der Schmidschen Art mißtraut dem flüchtigen Fluidum namens Glück. Nicht in der rigiden Suche nach maximalem Genuß liegt die Erfüllung. Es geht um bewußtes selbstbestimmtes Leben und um die Balance im Umgang mit Glück und Leid. Das ist Lebenskunst.

Das Nachtcafé ist kein philosophisches Kolloquium. Aber die großen Lebensfragen sind – abgesehen von den kleineren – auch unser zentrales Thema.

Mal ernst, mal spielerisch versuchen wir auf unsere Weise den Dingen auf den Grund zu gehen.

Und mittendrin sitzt der Moderator jetzt schon seit mehr als fünfzehn Jahren, als ewig Lernender – mal staunend, mal entzückt und manchmal entsetzt. Und trotz stetig wachsender Erfahrung immer wieder ein Novize.

Die Teilnehmer unseres kleinen Gesellschaftsspiels sind unsere Spiegel von Leben und Zeit. Und nicht wenige dieser Begegnungen machen Mut.

„Was mach' ich nur aus dem, was das Leben aus mir gemacht hat?" – Die Schriftstellerin Herrad Schenk zum Beispiel zitiert im Nachtcafé Sartre, wenn sie über ihr eigenes Schicksal spricht, den plötzlichen Tod ihres geliebten Mannes. Aber sie spricht auch über ein Gefühl, das bei ihr nach Bestürzung und Trauer in den Vordergrund rückte: Die Dankbarkeit für gelebtes Leben, die allerdings eines voraussetzt: neben den Phasen des Glücks auch das Leid anzunehmen.

Der ehemalige Vorstand der Deutschen Bahn, Heinz Dürr, vermittelt in einer Sendung über die „Spitzen der Gesellschaft", wie aufregend und engagiert ein Leben auch nach der Karriere aussehen kann. Manche Gäste reden über Lebenshaltung. Er verkörpert sie – mit Humor und wachem Verstand.

Die Hamburger Witwe Annemarie Dose stand nach schweren Schicksalsschlägen an der Grenze zum Suizid. An ihrem persönlichen Tiefpunkt rafft sie sich auf und beginnt eine Hilfsorganisation aufzubauen, die Bedürftige und Obdachlose kostenlos mit Nahrungsmitteln versorgt. Zehn Stunden pro Tag und mehr arbeitet sie ehrenamtlich für ihre „Hamburger Tafel", die mittlerweile als Modell für ähnliche Versuche in vielen anderen Städten gilt. „Ich habe es aus lauter Egoismus angefangen, um mich selbst zu retten", sagt sie im Nachtcafé. Thema der Sendung ist nichts weniger als „Der Sinn des Lebens".

Und noch ein Gast ist mir besonders in Erinnerung: Uschi Obermaier. Erinnern Sie sich?

Sie war das Disco-Mädchen aus der Münchner Vorstadt und wurde die Muse der Kommune 1. Sie liebte Rainer Langhans und – für eine Nacht – auch Mick Jagger. Als Fotomodell war sie eine sinnliche Augenweide, ihre Poster hingen nicht nur in Wohngemeinschaften.

Sie heiratete den Hamburger Kiez-König Dieter Bockhorn und tourte mit ihm im Wohnmobil durch die Welt, bis er sich 1984 an der mexikanischen Küste zu Tode fuhr.

Nicht weit von dort, im Topanga Canyon zwischen Malibu und Santa Monica in Kalifornien, ist sie mit einer kleinen Schmuckwerkstatt seßhaft geworden. Von dort reist sie im Juni 1995 ins Nachtcafé – 27 Jahre nach 1968.

Natürlich sind die ‚wilden Jahre' auch an ihr nicht spurlos vorübergegangen. Und seit Bockhorns Tod heißt Leben für sie oft wieder Kampf – dieses Mal Kampf ums Überleben.

Und trotzdem strahlt sie eines noch immer unmißverständlich aus: eine beeindruckende Stimmigkeit ihrer Person.

Die Sendung handelt von Lebenskünstlern, und ich frage folgerichtig, ob sie eventuell eine sei, eine Lebenskünstlerin?

„Ja", sagt sie, ohne zu zögern, „weil ich an meine eigenen Märchen, meine eigenen Träume glaube und sie auch verfolge, eisern. Ich glaube, man muß die Angst überwinden, die einem von der Gesellschaft aufgesetzt wird. Natürlich ist es ein sehr unsicheres Leben. Und manchmal denke ich: Soll ich nicht doch lieber auf meine Mama hören und einen Zahnarzt heiraten ...?"

Gelegentlich werde ich von Zuschauern gefragt: „Ist Ihnen Ihre Sendung nach all den Jahren nicht schon ein bißchen langweilig geworden?" „Nein", sage ich dann, „nie, keine Sekunde."

Dank

Das Beste was einem Autor passieren kann, sind starke kritische Gegenüber. Bei diesem Buch gab es sie.

Sylvia Storz hat als Herausgeberin mit ihrem schier unfehlbaren Sprachgefühl die Texte als erste gegengelesen, das Gesamtprojekt inhaltlich auf Kurs gehalten und den Autor erfolgreich von Verirrungen abgehalten.

Meine Assistentin Ursula Foelsch bewältigte als Nahtstelle zum Verlag ausgedehnte Korrektursitzungen mit engelhafter Geduld und teuflischer Genauigkeit und übernahm die organisatorische Begleitung des Vorhabens. Und unsere Praktikantinnen Christina Georgiadis und Lene Kemling haben aus dem uferlosen Meer unserer Text- und Videoaufzeichnungen das Relevante herausgefischt und durch aktuelle Recherchen ergänzt. Sie haben mir damit das Schreiben zum Vergnügen gemacht.

Dank für die fabelhafte Zusammenarbeit gilt auch dem Verleger Ulrich Frank-Planitz, der von Anfang an an dieses Buch geglaubt hat, und der erfahrenen Lektorin Renate Jostmann.

Die Basis dieses Buches jedoch bilden die erfolgreichen Recherchen der Nachtcafé-Redakteure aus inzwischen mehr als 15 Jahren. Ohne die große Zahl spannender Gäste, die durch den Einfallsreichtum und die Überzeugungskraft unserer Mitarbeiter den Weg nach Ludwigsburg fand, stünde das Nachtcafé heute nicht an dem Punkt, an den es die Gunst unserer Zuschauer glücklicherweise gebracht hat. Und es gäbe nicht den Stoff, aus dem dieses Buch entstanden ist.

Stuttgart, im August 2002   Wieland Backes

Das Nachtcafé-Team 2002

Fotonachweis

Dietmar Henneka: S. 113

Frank P. Kistner: Titelfoto, S. 12, 26 unten, 61, 70, 103, 104 (2), 105 (2), 106 oben, 108, 110, 175, 177, 191

Alle übrigen Fotos stammen aus den Archiven des SWR.